その悩み、古典が解決します。

晶文社

ブックデザイン：吉岡秀典＋権藤桃香＋佐藤翔子＋阿部愛美（セプテンバーカウボーイ）

挿画出典：江戸名所図会（7巻）松濤軒斎藤長秋［著］、長谷川雪旦［画］
国立国会図書館ウェブサイト（https://www.ndl.go.jp/index.html）より転載。

はじめに

近年、古典教育は必要か、という議論が盛り上がりました。古典教育なんて不要、という立場の人の言うことも、なるほど、そんな風に考えるんだな、と理解できないことはないのですが、それでも大前提として、古典は役に立たない、という認識を持っていることに、私はいささか不思議な思いを抱いています。

なぜなら、私自身は古典がものすごく役に立っているからです。それも、教養が身につく、とか、人生が豊かになる、とかいうことではなく（もちろん、教養も身につきますし、人生も豊かになります）、現代の日常生活で直面するさまざまな悩みに対して、私は古典を読んできたおかげで、多くの解決策を得てきたからです。

これはもう、必要かどうかなんて議論をしても仕方がありません。現代人が直面するさまざまな悩みに対して、じっさいに古典が役に立つことを示せばいいのです。

というわけで、**その悩み、古典が解決します。**

しかし古典といってもたくさんあります。なかでも悩み解決につながる人生の智慧が詰まっている古典として、まず『徒然草』を思い浮かべる人も多いのではないでしょうか。それはまちがいないところで、たしかに『徒然草』をひもとくことで、いろいろな解決策を得ることができます。

だけど、ちょっとメジャーすぎると思うのです。なにより、中学・高校の古典の授業であつかわれているので、どうしてもお勉強というネガティブなイメージを呼び起こしてしまいます。

よってここでは、名前は聞いたことがあるけれど読んだことがない、あるいはそもそも名前も聞いたことのない古典に大活躍してもらおうと思います。

それには、中学・高校の古典の授業で冷や飯を食わされている、江戸時代の作品がぴったりです。ほとんど授業であつかわれないので、みなさんにもまったく先入観がないものばかりです。食わず嫌いが発動するためのイメージすらない、という状態のはず。また、平安時代や鎌倉時代ほど昔ではありませんので、散逸せずに残っている作品も多く、種類も豊富ですから、じつにたくさんの悩みが描かれ、それに対する解決策も具体的に示されています。これを利用しない手はありません。

いま、さらっと言ってしまいましたが、そうなんです。古典はその当時のいろいろな人びとの悩みを浮かびあがらせ、そしてなんらかの解決や示唆を与えてくれるものだったのです。これを現代でも役立てないのはもったいない。その橋渡しをすこしでも私が担えたらと考えています。

現代でも、小説やマンガ、映画などから、人生についていろいろなことを学ぶことが多いと思います。つまり悩み解決のヒントを得るためには、それが事実か否かということは、あまり関係がありません。そこで本書でも、実際にあった話に限定せず、フィクションの類も積極的に採用しました。

さあ、さっそく本書を読んで、あなたの抱える悩みを解決してください。

そして、古典がじっさいに役に立ち、なにより無類におもしろいということを実感してください。

さらに……それをまわりの人にもぜひ紹介してみてください！

そうやって「古典の輪」が拡がっていったらとてもうれしいです。

それでは、数々の悩みの扉を開いていきましょう。

菱岡憲司

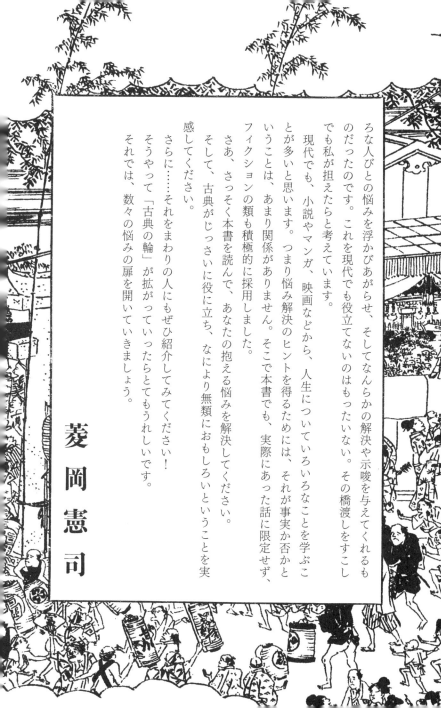

凡例

古典からの引用は、原文ではなく大意を示した。よって原文の趣旨を損なわないよう気をつけながらも、接続詞を加え、句読点の区切りを変えるなど、文章の流れをよくするために表現をととのえた部分がある。

各項目の末尾には、なるべく現代語訳が備わり、手に入りやすいテキストを紹介し、本文中の引用（著者による大意）に対応する原文を示した。なお読解の便宜のため、原文の表記も適宜改めた。

たったひとつの選択肢が世界を変える 1

――井原西鶴『西鶴諸国ばなし』

Q 1

「**身分違いの恋**」に落ちてしまいました。相手は私にとっては憧れの存在で、とても振り向いてくれないと思っていたのに、**奇跡的に付きあうようになりました。**でも、まわりから「なんでお前が」という視線を感じます。なにより私自身、私なんかでいいんだろうか、という思いが頭から離れず、**たえず不安に苛まれてます。**どうしたらよいでしょうか**?**

A 1

「身分違いの恋」がいけないという**ルール はありません。**あるいはいまあったとしてもいずれルールは変わりますから、**貫いてください。**まわりの目は気にしないで、広く古今東西に例を求めるようにしましょう。

いまの日本では、貴族、武士、町人などの身分はありませんから、「身分違い」(あるいは「釣り合わない」)と感じるのは、相手がたいへんなお金持ちだけど、自分はそうではない。相手はスポーツ万能で成績優秀だけど、自分はそうではない。相手はイケメンだけど、自分はそうではない。などなど、世のなかで高く評価されるものを相手は持っているのに、自分は持っていないという状態を指すでしょう。

もちろん反対に、自分が持っていて相手が持っていない場合もあり得ますね。その場合を考えるとわかりやすいのですが、世間的には不釣り合いに思える相手に、自分が強く惹かれて付きあうようになったということは、世間の価値観では測れないなにかがそこにあるということですから、その点は、自信を持っていいと思います。

ただ「私のどこがよかったの」と聞いても、「言葉にできないなにか」であることも多いですから、相手から答えをもらって安心するのは案外むずかしく、たとえできたとしても、日常的に確認していないと落ち着かない状態になって、より不安を募らせることになりますので、あまりおすすめしません。

井原西鶴(いはらさいかく)の『**西鶴諸国ばなし**』という短篇集のなかに、「忍《しの》び扇《おうぎ》の長歌《ながうた》」という作品があります。これは、現代と違い、はっきりとした身分差があった時代の話ですから、まさに「身分違いの恋」を描いています。

ある身分の低い男が、こともあろうに姫様に一目惚れしてしまいます。当時としては、絶対にかなうはずのない恋だったのですが、その強い思いが相手に通じて、ふたりは両思いとなり、ついには駆け落ちします。しかし、お金はすぐに尽き、男は物売りをして稼ぎ、姫様も生まれてから一度もしたことがなかった家事をして頑張るのですが、とうとうお城のものに見つかってしまいました。男はすぐに殺されます。姫様はさすがに斬られはしないものの、「家の恥」ということで、自害をすすめられるのです。

自害を急がせる殿（父）の使者から「不義をなさったのですから、ご最期を」と促されたとき、姫様はこう言いました。

「私は命を惜しむのではないけれど、身の上に不義はない。人として生まれて、女がただひとりの男を持つことは、世の定まりです。あのように身分の低いものを愛したのは、これも男女の縁です。みな世のなかの不義ということを知らないのではないか。夫ある女が他に男を思い、また死に別れたあとに再婚することを、不義とはいうでしょう。しかし、男のいない女が一生にひとりの男を愛するのを、不義とはいうことができないでしょう。また身分の低いものをとりあげて縁組みしたことは、昔から例があります。私はすこしも不義はしていない。あの男を殺すことはなかったのに」

（井原西鶴『西鶴諸国ばなし』巻四「忍び扇の長歌」）

まったく恥じることのない堂々たる物言いに、胸を打たれますね。江戸時代は、「二夫《じふ》に見《まみ》えず」といって、女性が再婚することを不貞としていたのですが（女性ばかり、ひどいですね。しかしじっさいには、江戸時代に女性の再婚は少なくありません）、この姫様はそれは不義として認めながらも、ひとりの女がひとりの男を愛することは、不義ではなく、身分違いの恋も過去に例がある、と言い切ります。

じっさい、なんらかのものごとについてそれがあるかないか、と例を過去や外国に求めれば、たいていのことは、あります。それが身近にないだけです。この姫様の堂々たる振る舞いは、身近なものごとだけを基準にせず、広く過去に例を求めたことにも関係がありそうです。身近なこと、つまり「まわりの目」を気にしたならば、姫様はすすめられるままに自害したでしょうし、そもそも男と一緒になることはなかったでしょう。

男は残念ながら殺されてしまいましたが、現代では、さすがに「身分違いの恋」で命をとられることはないでしょう（たぶん）。であるならば、問題は、**まわりの目を気にするかどうか**、という本人の心にあります。もちろん、気になっていることを、気にするな、といっても簡単にはいかないと思いますが、そんなとき、自分と同じような例をさがすことが、心の支えになるはずです。そう、まさにこの姫様を知ることで、こういう生き方もあるのだ、とあなたも心強く思えたのではないでしょうか。

問題を解決するために必要な参考例は、身近なものでなくてもいいのです。過去や外国、そしてフィクションであってもいいのです。時間や空間、虚実の隔てを超えてあなたが欲しているヒントとつながることができるのは、文字を発明して、昔のことや遠くのこと、ないけれどもあったらよいことを、別の人に伝えることができるようにした、人間だけに許された能力です。それを存分に利用しようではありませんか。

そうしてあなたが身近ではないなにかとつながり、堂々と生きることで、今度はそれが先例となり、同じように悩みをかかえる人を救うことになるでしょう。そしてその数が増えれば、すこしずつ、世のなかは変わっていくでしょう。そんな**大きな変化も、たったひとつの選択肢を増やすことからはじまる**のです。

もちろんものごとはそんなに単純にはいかない場合も多いでしょう。しかし、すでに「身分違いの恋」を成就させたあなたは、もう第一歩を踏み出しているわけですから、あとは時空と虚実を超えた仲間とつながり、それを心の支えに堂々と振る舞い、自分が先例となって、あなたに勇気をもらうことで第一歩を踏み出すであろう、未来の仲間とつながりましょう。

たとえ望まなく殺されてしまったとしても、いずれ人はみな死ぬのですから、すこしの間でも幸福な時間を持てたことは、男にとって、姫様を遠くから慕うだけの人生よりも、よかったかもしれません。

姫様は結局、自害せず、男の菩提を弔うために出家しました。

井原西鶴『西鶴諸国ばなし』
（宗政五十緒・松田修・暉峻康隆校注・訳『井原西鶴集（２）』新編日本古典文学全集六七、小学館、一九九六年）

「我《われ》命惜しむにはあらねども、身の上に不義はなし。人間と生《しやう》を請けて、女の男只《ただ》一人持つ事、これ作法なり。あの者下々《したぐ》をおもふはこれ縁の道なり。おの〳〵世の不義といふ事をしらずや。夫ある女の、外《ほか》に男を思ひ、または死に別れて、後夫《ごふ》を求むるこそ、不義とは申すべし。男なき女の、一生に一人の男を不義とは申されまじ。又下々《したぐ》を取りあげ、縁を組みし事は、むかしよりためしあり。我すこしも不義にはあらず。その男は殺すまじき物を」

2 私たちは失敗できる権利を持っている

——上田秋成『雨月物語』

Q 2

レールを敷かれたような人生に退屈を覚えます。親の勧めるまま中学受験をして、中高一貫校に入学しました。**ふつうに過ごしていたら、**系列の大学にも入れると思います。ただ、**すでに先の見える人生がつまらなく**感じてしまいます。**どうしたらいいでしょうか?**

A
2

この先の人生が決まっているというのなら、**なにをやってもいい**ということです。思い切って失敗できることをやりましょう。

若いころからやりたいことがはっきりしていて、その夢に向かってまっしぐらに努力する、という人の方がめずらしく、自分がなにがしたいのか、なにに向いているのかわからない、という人の方がおそらく多いのではないでしょうか。

しかし、やりたいことはわからなくても、やりたくないことはなんとなくわかるもの。やりたくないことを避ける人生というのも、消極的であってもみずからが選択しているわけで、じつは悪くないものです。しかし、なにをしたくないかさえも漠然としているということも多いので、なかなか青春というのは厄介です。

あなたの親御さんも、あなたのためを思って大学までエスカレーター式でいける中高一貫校を勧めたのでしょうし、そのレールにあなたは乗ったわけですが、肝心のあなたが、そのレールでやりたいことも、やりたくないこともないわけです。しかも自分で決断したわけではないという思いがあるので、やりきれなさを感じているのでしょう。

江戸時代は身分制社会でしたので、基本的に世襲、つまり親の職業を子どもが継ぐことが大前提となります。もっとも細かく見ると、他家に養子に入ったり、奉公に出たりと、親とは異なる職に就くことも意外と多いのですが、それでも、世襲が前提ということには変わりありません。つまり、**みながレールを敷かれた人生を生きていた**ともいえます。

このことからわかるように、将来の職業を見据えて自分のやりたいことを考える、というのは職業選択の自由があるからこその悩みであって、自由に職が選べない場合には、そんな悩みはなかったともいえます。選択肢が増えるというのは、その分だけ悩みが増えることにもなるのですね。

だから、とりたててやりたいことがない人にとっては、世襲というレールは案外、心地のいいものなのですが、向き不向きを抜きに、誰もがやりたい職業に就く方がいい、就かなくてはならない、という風潮のある現代では、レールに乗ることが、なにかうしろめたい、ネガティブなニュアンスを帯びてしまっているようです。

もちろん、やりたくないレールからは必死に逃れる必要があると思いますが、その点、あなたはやりたいこともやりたくないこともはっきりしないようですから、このレールを利用しない手はないと思います。

上田秋成（うえだあきなり）の**『雨《う》月《げつ》物語』**は、江戸時代に書かれた小説のなかでも、現在もっとも有名な作品のひとつといえます。本作に収まる短篇に「菊花《きっか》の約《ちぎり》」というものがあります。その主人公、丈部《はせべ》左門《さもん》は学識あふれる人物ですが、主君に仕えることなく、母を養って慎ましく暮らしています。

あるとき、左門が知人の家に赴いて話をしていたところ、隣の部屋から、うめき声が聞えてきました。そこで理由を聞くと、家の主人は、泊めてやった旅人が病で臥せっているのだ、といいます。そこで、医学の心得もある左門が診てみようとすると、とどめられます。主人は感染をおそれて、自分はもとより、家族の誰も部屋に近づけずに放置しているとのこと。ずいぶんとひどいおこないに思えますが、新型コロナウイルスの流行を経験した我々からすれば、目に見えない感染症の恐怖というのも一方で理解できますね。

　さて、問題は、それを聞いてからの左門の行動です。主人は、感染したらたいへんなのでやめるように、と制止しますが、左門は笑ってこう言うのです。


「『死生命《しせいめい》あり』だ。なんの病気が人に伝染《うつ》るというか。（病気が伝染《うつ》るというのは）学のないものがいう俗説であって、私はしたがわない」

（上田秋成『雨月物語』「菊花の約」）


　そうして左門は、伝染病をものともせず、隣室の戸を開けて旅人の看病をするのです。

「死生命あり」とは『論語』顔淵《がんえん》篇の一節で、人の生死は天命による、つまり人の生き死にはあらかじめ決まっている、という意味です。ここだけ抜き出すとネガティブな運命論に思えますが、もとの『論語』では、兄弟を亡くした人に対して、人の生死や富貴は運命で決まっているけれど、「四海のうち、みな兄弟」であってあなたは孤独ではない、と慰める文脈で語られますので、かならずしもネガティブな意味ではありません。ともあれ運命論というと、運命は天によって定められているから、人がどうあがいたってどうしようもない、というネガティブな語られ方をすることが多いでしょう。まさに出発（誕生）

から終点（死）までレールを敷かれた人生です。

しかし左門は、「死生命あり」といって人を見殺しにするのではなく、反対に人を助けるのです。病気にかかった旅人が生きるか死ぬかは運命で決まっているから放っておけ、ではなく、病気の人を助けて自分が死ぬならそれは運命だから仕方ない、という理屈です。

これはなかなか、目から鱗ではないでしょうか。運命で決まっているからなにやっても無駄、ではなく、**運命で決まっているんだからなにやってもいい**、ということ。もちろん自分勝手に振るまっていい、ということではなく、自分の信じる生き方を貫けばいいのだ、ということです。

仮にレールを敷かれた人生がほんとうにあるとしても、決まっているからなにをしても無駄、と思うのではなく、決まっているのだからなにをやってもいい、と発想を転換すれば、そのレールが違ったものに思えてくるのではないでしょうか。

たとえば音楽に興味があれば、バンドを組んでもいいですね。別にプロを目指さなくてもいいじゃないですか。まったく将来につながらない、ただそのときに興味があるだけのことにかまけても、ちゃんとレールが後始末してくれるのですから気楽なものです。その結果、自分には向いてなかったとしても、それがわかっただけめっけものです。あるいは逆に才能があり、その方面でプロになろうと思い立ったとしたら、みずからレールを外れるに値するものを見出したのですから、それはそれでめっけものです。

そう考えると、レールを敷かれた人生というのは、失敗を許される権利を手に入れたと言い換えることもできます。これを使わない手はありません。気楽にいろいろなことに手を出して、どんどん失敗しましょう。どうせ死生命あり、です。好きなことをやっていいのです。

なお、当たり前ですが、法に触れることは、やめましょうね。そんなかたちでレールを外れなくても、また別の方法があるでしょうから。

上田秋成『雨月物語』（鵜月洋訳注『改訂版 雨月物語 現代語訳付き』角川ソフィア文庫、二〇〇六年）

死生命《しせいめい》あり。何の病か人に伝ふべき。これらは愚俗《ぐぞく》のことばにて、吾《わ》が儕《ともがら》はとらず

あてのない旅が与えてくれるもの 3

――勝小吉『夢酔独言』

Q 3

小さいころから落ち着きがなく、授業中じっとしていられません。家にいることが苦痛で、とにかく外に出たくなります。親は自営業を継いでほしいようですが、とてももつとまりそうにありません。将来、どうしたらいいのでしょうか？

A3

とりあえず**貧乏旅行**をしてみましょう。

江戸時代というのは、じつはとても**旅行**が**盛**んな**時代**でした。

もちろん現代のように、思い立ったら誰でもどこでも自由に行ける、というわけではないのですが、泰平の世がつづき、街道や宿泊施設も整備されましたので、中世まではくらべものにならないぐらい、旅行がしやすくなったのです。

とはいえ、やはり先立つものはお金です。いくら旅行がしやすくなったといっても、お腹が空いたら食べ物を買い求め、夜は宿に泊まらねばなりませんから、旅費は必要です。

しかし江戸時代には、抜参り《ぬけまい》といって、親や主人の許可を得ず、だから当時のパスポートといえる往来手形《おうらいてがた》もなく、もちろんお金もない状態で伊勢に参詣する旅が流行しました。どうしてそんな着の身着のままで旅がつづけられたかというと、行く先々で食事やお金を恵んでもらったのですね。また旅先の人々も、柄杓《ひしゃく》に編笠《あみがさ》という抜参りのコスチュームに身を包んだ旅人を見たら、積極的に施しを与えて、家に泊めてあげました。

そんな抜参りを十四歳のころに経験したのが、勝海舟《かつかいしゅう》の父親、**勝小吉**（かつこきち）です。小吉は七歳のとき勝家に養子に入ったものの、とにかく血気盛んで喧嘩が絶えず、養父から何度も押込《おしこめ》られました。押込とはいわば自宅軟禁で、二十一歳のときは、檻《おり》にまで入れられてます。一応、十二歳のときには学問も学ぶのですが、そんな性格なので、とても机の前でじっとしていることができませんでした。そう、あなたと同じです。なにかといっては外に出て悪さをするので、親が押込ないといけないぐらいだったわけです。

勝家は御家人《ごけにん》の家柄。徳川家直属の家臣といえば聞こえがいいのですが、一万石未満で将軍にお目見えできるのが旗本《はたもと》というのに対し、お目見えできないのが御家人で、とにかくもらえるお金が少ないので、貧乏暮らしが当たり前です。しかし町人などにくらべたら身分もプライドも高いのでタチが悪く、グレて素行が悪くなるものも多かったわけです。

小吉の家もご多分に漏れず裕福ではなく、そのために役職を得ようと働きかけたことがあったのですが、それも功を奏さず、なにしろ世襲の江戸時代ですから、御家人の家を継ぐ小吉の将来の見通しは暗いものでした。

そんな小吉は突如、十四歳のときに家を出奔《しゅっぽん》します。詳細は不明ながら、家内にもめごとがあったといいます。そこで小吉は、「男はなにをしても一生食うことができるから、上方《かみがた》（京都・大阪）あたりに逃げよう」と江戸を出ます。つまりはじめは伊勢を目指しての抜参りではなく、家からお金を盗んで漠然と上方に向かって家出したのです。

しかし浜松にいたったところ、護摩《ごま》の灰《はい》と呼ばれる、旅人狙いの盗人に金と刀を盗まれてすっからかんになってしまいました。道中、親切にしてくれた二人組と同じ宿に泊まったのですが、裸で寝て目が覚めたら、ふたりはもう小吉の金と刀を盗んでいなくなっていたのですね。

朝、目が覚めたので、枕元を見たらなんにもないから、肝がつぶれた。宿屋の亭主に聞いたら、ふたりは「尾張の津島祭（現在の愛知県津島市にある津島神社の祭礼）に間に合わないから先へゆく。だからあとからこい」と伝言して旅立っていったというから、オレも途方に暮れて泣いていたよ。

「それは護摩の灰というものだ。私は江戸からの連れだと思っていたが、なんにしろ気の毒なことだ。どこを目指してゆくのです」

亭主はこう言って、心から世話をしてくれた。

「どこというあてはないが、上方へ行くんだ」

オレは言ったが、なにしろ襦袢《じゅばん》（下着）ばかりではどうしようもない。どうしたらいいだろうか、と途方に暮れた。

亭主は、柄杓を一本くれて教えてくれた。

「これまでも江戸っ子がこの街道にきてそんな目にあうことがままあった。お前もこの柄杓を持って、浜松の城下町や近隣の郷で一文ずつもらってくるがいい」

（勝小吉『夢酔独言《むすいどくげん》』）

こうして、柄杓を手にした小吉は、方々で施しを受けながら伊勢を目指して旅をつづけることになりました。

ところで現在、大きなバックパック（リュック）を背負って各地をめぐる、バックパッカーと呼ばれる人たちがいます。別にお金持ちで中年のバックパッカーがいてもおかしくはないのですが（じっさい、好きでそうしている人もいるでしょう）、基本的には、若者がお金を使わず、みずからの足で各地をめぐるのが、一般的なバックパッカーといえるでしょう。

バックパッカーは旅先の人に泊めてもらったりヒッチハイクをしたりして、なるべくお金を使わずに旅をつづけます。

そして小吉も、バックパッカーよろしく、お金がないのに旅をつづけるわけですが、困っている小吉になにかと手を差し伸べる人が多いことには感心します。

その後、伊勢参宮を果たしたあとも方々をふらつき、病気になったり、崖から落ちて「岩の角に金玉を打っ」たりしつつ、さまざまな経験をして四ヶ月ぶりに江戸の家にもどりました。帰宅後は「金玉がくずれて」いたせいで二年ほど外に出られませんでした。

小吉は怪我のせいで、意図せず二年も家にじっとすることになったわけですが、だからといって性格が改まったわけではなく、やはり素行は悪いまま。なによりまた二十一歳のときに出奔したので、帰宅後に檻に入れられてしまいます。

では、この旅がまったく無駄だったかというと、そんなことはないと思います。というより、よいかどうかはわからないけれども、やむにやまれず、旅立つしかなかったのでしょう。あるいはそれは、一生貧乏でうだつの上がらない御家人として過ごすことへの、無意識の抵抗だったのかもしれません。

あなたも、じっとしていられない性格が改まることはないかもしれませんが、自営業を継ぐという将来に漠然とした不安を抱えているならば、試しに貧乏旅行してみてはいかがでしょうか。

勝小吉『夢酔独言』

（勝部真長編『夢酔独言他』東洋文庫一三八、平凡社、一九六九年）

朝、目がさめた故、枕元を見たらなんにもなゐから、きもがつぶれた。宿やの亭主に聞いたら、二人は、「尾張の津島祭りにまに合はないから、先へゆくから、跡よりこひ」といつて立おつたといふから、おれも途方にくれて、なゐていたよ。

亭主がいふには、「夫《それ》は道中のごまのはゐといふ物だ。わたしは江戸からの御連れとおもつたが、何にしろきのどくなことだ。どこを志してゆかしやる」とて、しんじつに世話をしてくれた。おれがいふには、「どこといふあてはないが、上方《かみがた》へ行くのだ」といつたら、「何にしろじゆばん斗《ばかり》にてはしかたがない。どふしたらよかろふ」と、十方《とほう》にくれたが、亭主がひしやく壱本くれて、「是まで江戸つ子が、此海道にてはまゝそんなことが有から、おまへも此ひしやくをもつて、浜松の御城下・在とも壱文づゝ貰つてこひ」とおしへたから、漸々思ひ直して、一日方〱貰つて歩行《あるい》たが、米や麦や五升ばかりに、銭を百二、三十文貰つて帰つた。

「すごい」ということがわかることはすごいということ

4

――後水尾天皇と「禁中并公家諸法度」

Q 4

いろいろとやりたいことがあって困ります。

なにかをしていると、あれも面白そうだ、これも面白そうだ、と興味が広がって、ついついそちらに惹かれてしまいます。こんなことをしていたら、なにも身につかないでしょうから、ほんとうはなにかひとつをやり遂げるのがいいのでしょうが、どうしたらいいでしょうか？

A
4

三年間と時期を区切って、**全部やってみましょう。**

一度はじめたら最後までやり遂げないといけないと思い込んでいるようですけれども、別にやめてもいいんですよ。そして、途中でやめてもいいと思うことができれば、はじめることもずいぶん楽になるのではないでしょうか。

たしかになにかをほんとうに身につけるには、やめないこと、あるいは一生涯つづけるということは大切でしょう。プロフェッショナルとして生きていくというのはそういうことですね。しかし、すべてにおいて専門家になることはできません。それでいて人が興味を持つことは、ひとつとはかぎらないはずです。興味のあることすべてにプロフェッショナルのレベルを身につけるというのは、冷静に考えたら、現実的なことではありません。

そもそもプロを目指して本気で頑張っても、人には向き不向きがありますので、残念ながらプロになれないということもままあります。ではそれに費やした時間や努力は無駄になるかというと、私はそう思いません。

将棋を解説する番組などを見ていると、対局している一方の棋士が、局面を変えるすごい一手を指し、解説者および対局を見守っている人たちが、おお、と沸くことがあります。こういうシーンを見るたびに、私はうらやましいな、と思います。棋士に対してではありません、おお、と感嘆の声を上げる人に対してです。

このすごい一手を指す棋士になるには特別な才能が必要ですので、とても誰もが目指せるものではありませんし、目指したとしてもなれるものではありません。また解説者もやはりプロ棋士の場合がほとんどですので、そこに至るには、相応の才能と習練が必要でしょう。

しかし、そのすごい一手を見て、おお、と感じることのできる人には、たいていの場合、

なることができるのではないでしょうか。私もいちおう将棋を指せますが、ただルールを知っているというぐらいで、正直、なぜいまの一手が局面を変えるものだったのか、あとで解説を聞いたらなんとなくわかりますけれど、それが指された瞬間に、自分ひとりでそのすごさがわかるわけではありません。ですので、おお、と声を出すほど感嘆する姿を見ると、そのすごさがわかるなんてすごいな、と感じます。

私は、ここを目指すべきだと思います。自分からそのすごい一手は指せなくても、そのすごさがわかるというのは、じつはとても豊かな人生なのです。そしてそのレベルには、仮にその筋の才能がなかったとしても、ほとんどの人が到達することができるのではないか、と思います。

ところで、日本史の授業で「**禁**《きん》**中**《ちゅう》**幷**《ならびに》**公**《く》**家**《げ》**諸**《しょ》**法**《はっ》**度**《と》」というのを習ったと思います。これは、江戸幕府が朝廷や公家に対して、あなたたちは政治に口を出さずにこれをやっときなさい、と規制したものです。その第一条には、「天子諸芸能之事、第一御学問也」とあり、要するに、天皇は和歌などの諸芸を習練して学問に励むのが一番である、と定めているわけです。その第一条を突きつけられたのは、**後水尾**（ごみずのお）天皇でした。

後水尾天皇は、紫の衣（最も位が高いとされるコスチュームで、みんな欲しがりました）を僧侶などに与える権利を幕府が規制したことに反発し、幕府の許可を得ずに勝手に天皇の位を降りるなど（一連の騒動を「紫衣《しえ》事件」といいます）、素直に幕府の言いなりになるタマではありません。では、その第一条に対してどうしたかというと、それがなかなかふるっているのですね。

> 天皇（＊後水尾）の即位は、父帝後陽成《ごようぜい》天皇を中心とする宮廷経営の虚をつく形で、徳川将軍家の思わく通りに進行したようであるが、受身に終始した宮廷側は、元和元年（一六一五）に「禁中幷公家諸法度」を押し付けられた。そして、その第一条には、天子たるもの、よく学問をすべきである、和歌も習練に励むべきである、と定めてある。後水尾天皇は、これに対してよく勉強した。稽古日を定めて、数々の学問・技芸を廷臣とともに学習した。その「禁中御学問講」には、有識・和歌・儒学・楽郢曲・連歌・詩文学・歌学・聯句・詩などの科目があったという。廷臣は、このうち最低二つか三つに出席するように義務づけられたが、天皇自身は全科目に励んだ。もちろん能力には限界がある。言い伝えによれば、後水尾天皇は、各科目の一つずつについて特に三年を限って集中的に学習したという。ただし、その間も和歌ばかりは一貫して怠りなく学習を重ねたという。
>
> （上野洋三『元禄和歌史の基礎構築』Ⅰ・第１章）

後水尾天皇は、和歌などの諸芸を習練して学問に励め、というぶしつけな要求を受けると、それを逆手にとって、大いに技芸と学問に励んだというのですから、なかなか愉快です。

そして、その励み方が参考になると思うのですね。諸芸といってもいっぱいあるし、能力にも限界がある。だから、それぞれを**三年にかぎって集中的に学習する**わけです。あなたも、やりたいことがたくさんあるなら、全部やってみればいいのです。しかし、三年という期限を設けて。

またこの三年というのが絶妙で、その世界の魅力を知るにはいささか足りない一、二年でも、いよいよその世界を極めようとする四年以上の期間でもなく、ちょうど初級段階を終えて中級段階に入ろうとするころでやめるわけです。そう、すごい一手を指す棋士やそれを解説できる人にはなれなくても、おお、とすごさがわかるぐらいです。

そうやってこれも三年、あれも三年、と興味のあることを片っ端から三年ずつやってみることで、(やってない人にはわからない)たくさんの魅力を知り、味わうことができるようになるのですから、こんなにすばらしいことはないのではないでしょうか。世のなかには、極めないからこそ得られる幸せがあると思います。

ただ後水尾天皇も、和歌だけはずっと学習したといいます。なにかひとつだけ、好きで向いていることがあれば、三年を超えてつづけてもいいですね。それを見つけるためにも、まずは三年、といろいろなことに手を出すとよいのではないでしょうか。

上野洋三『元禄和歌史の基礎構築』（岩波書店、二〇〇三年）

一、天子諸芸能之事、第一御学問也。不学則不明古道、而能政致太平者未之有也。貞観政要明文也。寛平遺誡、雖不窮経史、可誦習群書治要云々。和歌自光孝天皇未絶、雖為綺語、我国習俗也。不可棄置云々。所載禁秘抄御習学専要候事。

（「禁中并公家中諸法度」第一条）

大事なのは雑念を
消すことではなく、
手がかりを手放さ
ないこと

5

――本居宣長『排蘆小船』

Q
5

とにかく集中力がありません。なにかをはじめると、五分もしないうちに別のことが気になり、気になったことをスマホで検索したりしていると、結局、**やるべきことが終わらない、**ということを**延々くり返して**しまいます。

A

5

気は散るものです。雑念をなくそうとするのではなく、最初は集中できなくていいので、やるべきことへの意識を手放さないようにしましょう。

おそらく集中力がないという人でも、ゲームやカラオケや仲のよい友だちとのおしゃべりなど、好きなことをしているときならば、よほどの長時間はさておき、一、二時間ぐらいなら、気が散ってつづけられない、ということはないのではないでしょうか。そのときは、時間を気にせずに没頭してますよね。つまり集中力はちゃんと持っているわけです。

要するに、**集中力がないのではなく、好きなこと以外に集中できないのが問題の本質**です。人生、好きなことばかりをできればいいのですが、そういうわけにもいきませんし、そしてこれが肝心なのですが、最初はおもしろくなさそうだったけれど、やってみたら案外おもしろかった、ということも多いので、好きではない、あるいは一見、好きではなさそうなことに集中する、というのは、人生を豊かにするために獲得しておかなければならない能力といえます。

やる気というのも似たような性格を持っていまして、とりかかる前からやる気があるというのは、よっぽど好きなことぐらいで、たいていのものごとは、とりかかる前にはやる気がないものです。しかし、誰かからの強制、あるいはみずからの不安や義務感、はたまた習慣の力によって、やる気のないことにとりかかると、不思議なことに、意外におもしろくなって、徐々にやる気が出てきたという経験をした人も多いでしょう。ほんとうはとりかかる前に欲しいのに、とりかかってからしか出ない、やる気というものは、やっかいなものですね。

このように、好きではないことへの集中にせよ、やる気にせよ、人間の意志の力でなんとかしようというのは間違いで、○時になったら強制的にはじめる、などなんらかの仕組みを確立して習慣化しないと、基本的に人は挫折するようになっているのですね。

さて、では帰宅後の一時間はかならず机に向かう、という習慣を仮に身につけたとしましょう。そうしてせっかく机に向かっても、五分もしないうちに別のことが気になり、いまやっていることに関係がある、あるいは忘れてしまうのですぐに解決しておかなければならない、と考えてスマホで検索などしていると、あっという間にその一時間が終わってしまう——このような状況をなんとかしたい、というのが今回の悩みでしょう。

要するに、雑念をなくそう、と思っているわけですが、じつは、**雑念というのは、なくそうと思えば思うほど気にかかってしまって、増大してくるもの**なのです。○○のことを考えてはいけない、と思うのは、○○のことを考えるのと同じことなのですね。否定形があろうがなかろうが、○○について考えているわけですから。

そこで発想を転換して、そもそも雑念というのは起こるものだ、という前提に立ってください。どんな立派な人でも、まず雑念は起こるのだ、と。そのうえで、雑念をなくそう、と思わないことが、勝負の分かれ道です。

国学者の**本居宣長**(もとおりのりなが)は、昔の人の心を知ろうとして、古い歌を研究しました。いま勉強というと、読書や暗記など、インプットばかりをイメージしますが、江戸時代以前は、自分で歌を詠《よ》むことも、歌を学ぶための大事な方法でしたので、国学者といわれる人たちは、多くの歌を詠みました。

その宣長は、歌を詠もうとして雑念がわくとき、どうしたらいいかについて、次のように記しています。

歌を詠むときに一番大切なのは、心を静めて雑念を去ることだ。しかしその心を静めるというのがしにくいもので、どのように心を静めようと思っても、なにかと雑念が起こって、気が散ってしまう。それを静めるのには、大いなる秘訣がある。まず雑念を去ったのちに考えようとしたら、いつまで経ってもその雑念は去ることはなく、雑念が去らないので歌はできない。そこでその大いなる秘訣というのは、気が散って雑念が次々に起こっているときに、まずこれを静めることを放っておいて、そのまま詠もうと思っている歌の題などに思いを寄せて、あるいは趣向のよりどころや、言葉の細部、縁語などでも、すこしでも手がかりが出てきたならば、それを端緒としてつかまえて離さないように心のなかに思っておいて、そうこうして思いつづけていたならば、自然とそのことに心がとどまって、段々と雑念は去ってゆき、心も静まって、あとはよく考えられるものだ。そうして考えるにつれて、いよいよ心は澄んできて、ゾーンに入ったように、雑念はまったく起こらず、食べることも寝ることも忘れるほどになり、そばから人が声をかけても耳に入らないほどになる。これほど心が澄み切らなければ、よい歌はできないものだ。それなのに、まず心を澄ませてからのちに考えようとするのは、無理な話だ。詠もうとしている内容や表現について、すこしの手がかりでも出てきたならば、それについて考えてゆけば、自然と心は定まるものと知らなければならない。

（本居宣長『排蘆小船《あしわけおぶね》』）

これは歌を詠む方法について述べたものですが、精神集中法として応用することができますね。雑念というのは起こるものなので、それを振り払おうとするのではなく、一方で雑念を抱きつつも、それでもいま考えるべきこと、やるべきことについて、内容にせよ表現にせよ、なんでもいいからそれに関係することを手放さずに考えつづけることで、いつしか雑念は去って集中していくというわけです。ポイントは、雑念を去ることではなく、手がかりを手放さないこと、です。集中してなくても手放さなければいいのです。

よって、あなたがなにかをしようとしたとき、気がかりなことがあってスマホで調べるというのは、考えるべきことを手放してしまっていることになります。集中できなくていいので、どんなに他のことが気になっても、まず、考えるべきことを手放さないようにしましょう。どうしても気になって仕方がない、あるいはあとで調べようと思っても忘れてしまう、というのであれば、すぐに調べるのではなく、紙にでもメモしておいて、やるべきことを終えたのちに調べるようにしましょう。これだけで、だいぶちがいますよ。
ちなみに宣長の詠んだ歌は、あまり評価が高くありません。そこは、ご愛敬です。

本居宣長『排蘆小船』

（子安宣邦校注『排蘆小船・石上私淑言』岩波文庫、二〇〇三年）

詠歌の第一義は、心をしづめて妄念をやむるにあり。然《しか》してその心をしづむると云ふことが、しにくきものなり。いかに心をしづめんと思ひても、とかく妄念がおこりて、心が散乱する也。それをしづめるに大口訣《だいくけつ》あり。まづ妄念をしりぞけて後に案ぜんとすれば、いつまでも、その妄念はやむことなき也。妄念やまざれば歌は出で来ぬ也。さればその大口訣とは、心散乱して妄念きそひおこりたる中に、まづこれをしづむることをばさしをきて、そのよまむと思ふ歌の題などに心をつけ、或は趣向のよりどころ、辞《ことば》のはし、縁語《えんご》などにても、少しにても、手がかりいできなば、それをはしとして、とりはなさぬやうに、心のうちにうかめ置きて、とかくして思ひ案ずれば、をのづからこれへ心がとゞまりて、次第に妄想妄念はしりぞきゆきて、心しづまり、よく案じらるゝもの也。さて案ずるにしたがつて、いよ〳〵心すみこりて、後は三昧《さんまい》に入りたる如くにして、妄念いさゝかもきざさず。食臥《しょくが》をわする丶にいたり、側より人のものいふも、耳にいらぬほどになる也。これほどに心上すみきらずんば、秀逸は出で来まじき也。しかるを、まづ心をすまして後案ぜんとするは、ならぬこと也。情詞《こころことば》につきて少しのてがかり出で来なば、それにつきて案じゆけば、をのづから心は定まるものとしるべし。

ヶ森
生左衛門塚《ふさゑもんのつか》
姥ヶ森

ネコが説く無の境地 6

——佚斎樗山『田舎荘子』

Q 6

オーラがある人っていますよね。どうしたらオーラを出せますか？

A 6

ひとまず一芸を極めてみましょう。しかし、オーラを出さない境地もあります。

たしかにいわく言いがたい魅力というか、存在感がある人がいて、そんな人をオーラが出ている、と表現しますね。はっきりと定めがたいことをオーラと言い表しているわけですから、なかなかそれ以上の説明はむずかしいのですが、要するに、**ただものではない、と思わせるなにか**を感じさせる人がいて、それをどうしたら出せるか、というのが気になっているわけですね。

オーラといっても、いろいろな種類があると思うのですが、やはりまず思いつくのは、武芸の達人。よくマンガでは、まだ戦っていないのに、チラッと見ただけで、「あいつ、できるな」と相手の実力を察知する、というシーンが描かれます。映画や小説なんかでもありますね。

なにしろ武芸を極めたことがありませんので、こんなことほんとうにあるんだろうか、と思っておりました。そこであるとき、剣道七段の達人の方に、戦う前から実力がわかることってあるんですか、と聞いてみました。すると、試合前に蹲踞《そんきょ》の姿勢をしたときに、だいたい、あ、これは勝つな、とか、なかなかできる、とか、これは危ない、とか感じて、その予測はほとんど外れない、とうかがったことがあります。なるほど、やっぱりそういうことがあるんだな、と感心したものです。

しかし昔、某釣りマンガを読んでいたとき、釣りをしていない場面で主人公がチラッとある人物を見て、「こいつは相当できるな」と察知するシーンを読んだことがあります。

そのときは疑問を抱かなかったのですが、あとから、まてよ、釣りもしていないのに、はたして釣りの上手い下手がわかるものだろうか、と段々気になってきたことがあります。あるいは武芸にかぎらず、釣りでもなんでも極めたらオーラが出て、そしてそれは、その道の人なら察知できるものなのでしょうか。そうだとしたら、なんだかたのしいですね。

ここでのポイントは、**その道の人ならわかる**、ということでしょう。たとえば先の剣道の話でいえば、きっと私は、ふたりが蹲踞して向かい合っているところを見ても、なにも感じられないでしょう。ましてや、釣りをしていないときの釣り人を見たところで、この人は釣るな、などけっしてわからないでしょう。あなたがオーラがあると感じる人は、**あなたがそれまでの人生でこだわってきた「その筋」のオーラ**を出していて、それをあなたが敏感に察知している可能性が高そうです。オーラを感じるにも修練が必要といえます。

となれば、結局ありきたりの答えになってしまいますが、ひとまず一芸を極めるというのが、オーラを出し、また感じるための条件になってくるでしょう。

さて、江戸時代の支配階級は武士ですから、やはり武芸は重んじられました。よって実際に武芸の達人がたくさんいたわけですが、ここはあえて、フィクションを紹介しておきましょう。

佚斎樗山（いっさいちょざん）の**『田舎荘子《いなかそうじ》』**は、談義本《だんぎぼん》という戯作《げさく》なのですが、そのなかに「猫の妙術」という短篇が収められています。これはいわば寓話《ぐうわ》でして、ネズミをとるネコに仮託して、武芸の妙術を伝える、というスタイルをとっています。

あるとき、勝軒《しょうけん》という剣術者の家に大きなネズミが出たので、勝軒は飼いネコをけしかけました。しかし、そのネズミは反撃してネコを追い返します。よって近所からネズミとりがうまい「逸物《いちもつ》」のネコをたくさん借りてきて、そのネズミに向かわせたところ、ネズミは飛びかかって食いつき、どのネコも尻込みして捕まえることができません。

勝軒は腹を立てて木刀で打ち殺そうとしましたが、ネズミは稲妻のように逃げまわり、ややもすれば勝軒の顔に飛びかかろうとさえします。勝軒はそこで、「無類逸物《むるいいちもつ》」と称されるネコを人に借りてこさせました。すると、さほど敏捷《びんしょう》そうでもない年老いたネコだったのですが、そのネコが部屋に入ると、ネズミはすくみ上がって動けず、ネコはのろのろと近づいていき、ネズミをくわえてもどってきました。

その夜、ネコたちは集まり、ネズミを捕まえた老ネコを上座《かみざ》に迎えて、跪《ひざまず》きつつ教えを乞いました。老ネコは、まず若いネコたちがどんな修行をしてきたかを聞きました。若いネコたちはそれぞれの修行のほどを告げるのですが、あるネコは所作《しょさ》（ふるまい）ばかりで心が修練されておらず、またあるネコは気を練っていたけれども、気でもって勝とうとするばかりなので、より気の強いネズミに屈してしまったことを教えます。そして和をもってのぞんだネコも、しょせん自然の和ではなかったので、例のネズミには通用しなかったと告げます。

そして老ネコは、ただ**自然に応じるだけの無心**であることによって、ネズミをとることができたのだ、と明かします。なんとも奥深い悟りの境地ですね。

しかし、この老ネコですらかなわない、極めつきの達人といえるネコがいるというのです。老ネコは、このように話しました。

むかし、隣り村にネコがいた。一日中眠っていて気勢がなく、まるで木で作ったネコのようだ。人々は、そのネコがネズミをとったのを見たことがない。しかし、そのネコのいる近くには、ネズミがいない。ネコが場所を変えても、やはりそうなる。私（老ネコ）は行って理由を聞いた。そのネコは答えなかった。四度聞いたけれども、四度答えなかった。答えないのではない。答えようがなかったのだ。これによってわかった。知っているものは言わず、言うものは知らないことを。そのネコは、自分を忘れ、ものを忘れ、無物に帰している。神武《しんぶ》であり、不殺《ふせつ》というものである。私はそのネコには遠くおよばない。

（佚斎樗山『田舎荘子』「猫の妙術」）

なんの意図もなく、なぜそうなっているか自分でも答えられないけれど、そのネコがいるところ、ネズミはいなくなるというのですから、まさに無の境地です。

きっとそのネコからは、あからさまなオーラは出ていないでしょう。オーラが出ているうちは、まだまだなのかもしれませんね。

佚斎樗山『田舎荘子』

（中野三敏校注『田舎荘子　当世下手談義　当世穴さがし』新日本古典文学大系八一、岩波書店）
（石井邦夫訳注『天狗芸術論・猫の妙術 全訳注』講談社学術文庫、二〇一四年）

むかし、我隣郷《わがりんがう》に猫あり。終日眠り居て、気勢なし。木にて作りたる猫のごとし。人其鼠《そのねずみ》をとりたるを見ず。然共《しかれども》彼《かの》猫の至る所、近辺に鼠なし。所をかへても然《しか》り。我往《われゆき》て其故《そのゆえ》を問《とふ》。彼《かの》猫答《こたえ》ず。四度《よたび》問へども、四度答ず。答《こたえ》ざるにはあらず、答《こたふ》る所を知《しら》ざる也《なり》。是《これ》を以知《もつてしり》ぬ。知るものは言《いは》ず、いふものはしらざることを。彼《かの》猫は、をのれを忘れ物を忘れて、無物《むぶつ》に帰す。神武《しんぶ》にして、不殺《ふせつ》といふものなり。我また彼に、及ばざる事遠し。

燃せばわかる、燃せば変わる？ 7

——橘南谿『西遊記』

Q
7

陰キャです。どうしたら陽キャになれるでしょうか。

A7

たき火をしましょう。

陰キャは陰気なキャラクター（性格）、陽キャは陽気なキャラクターのことですね。陰気・陽気という言葉は、中国由来の陰陽説から出ておりますので、その発想にもとづいた江戸時代の例を見出してみましょう。

橘南谿（たちばななんけい）は医者ですが、『**東西遊記**《とうざいゆうき》』という紀行文の名作を残したことで有名です。その『東西遊記』のうち、西日本を旅した部分にあたる『西遊記《さいゆうき》』には、こんな話があります。

南谿はまず、**火というのは陽気の本体**であって、にぎやかしいものだといいます。そして、いまの熊本と鹿児島の境にあたる山深い道を歩いていたときのエピソードを紹介しています。

人里から遠く離れて、木こりしか通らないような細い道をすすみ、あたりは落葉が降り積もっている。深い山のなか、日が暮れてきたけれども、道も正しいのかわからず、さらに、姿は見えないけれど、オオカミ（当時はまだ絶滅していませんでした）の足音が聞えてくる。しかも一頭ではないようで、おびただしい数の足音が聞える。ああ、家に居たらこんなことにはならなかったのに、オオカミに食われて死んでしまうんだろうか、と不安が募って、心が陰気におおわれてしまいました。

そのとき、南谿がとった行動は以下のとおり。

周囲の芝がよく枯れて赤みがかっていたので、ふと気がついて、火打ち石をとり出してその芝に火を放ったところ、山風がとても激しかったため、炎は四方に燃えあがった。すると、いままでさみしくてわびしかったのに、この陽気によって気分がよくなり、元気が急に湧いてきて、なんとなくたのしくなり、腰に結びつけていた握り飯を火であぶって食べ、歌をうたって夜どおし無事に山をくだった。まったく太陽が東からのぼって昼となれば、諸々の悪邪妖怪の類いはすべて隠れ伏してしまい、太陽が西に沈んで夜になると、山河や草木にいたるまで、その気がおさまり静まって妖魔が好き勝手に出てくる。いま、山を焼いて陽気を得て、猛獣の害を逃れたのも理由があるのだ。

（橘南谿『西遊記』「陽気」）

いやいや、山に火をつけたらダメでしょ。

——というツッコミのひとつも入れたくなりますが、まあ、オオカミの群れを撃退するためには仕方なかったかもしれません。が、炎が四方に燃えあがったとは、山火事は大丈夫だったのでしょうか。

さて言わずもがな、山の枯れ草に火をつけるのはぜったいにダメですが、火によって陽気になるというのは、案外、馬鹿にできないものがあると思います。キャンプに行ってたき火をして、焼きおにぎりを食べて鼻歌を歌ったら、いつしか陽キャになっている、なんてこともあるかもしれませんね。

橘南谿『西遊記』

（宗政五十緒校注『東西遊記2』東洋文庫二四九、平凡社、一九七四年）

あたりの芝いとよく枯《かれ》赤みたれば、ふと心付きて火打取出《ひうちとりい》だしつつ其《その》芝に火を放ちたるに、山風ことにはげしくて炎四方にもえ上れば、今迄《まで》淋《さび》しく侘《わび》しかりつるが、此《この》陽気に心ひらけ、げん気勃然《ぼつぜん》とおこり何となくたのしくて、腰に付けたる握りめし取出でてあぶりくい、小唄諷《こうたうた》いつつ夜をかけて恙《つつが》なく山を下りぬ。げに太陽東に登り昼と成りて諸々《もろもろ》の悪邪妖怪《あくじゃようかい》皆隠伏《かくれふし》、太陽西にいりて夜陰《やいん》の分にいたれば山河草木にいたるまで其気皆おさまりしずまりて妖魔《ようま》ほしいままに起こる。今山を焼きて陽気を得、猛獣の害をまぬがれしも、其ゆえなきにしもあらざりし。

8

江戸時代のロビンソン・クルーソーが教えること

――『無人島談話』

Q 8

偏食です。そもそも食べることにあまり興味がないのですが、食べないと死んでしまいますので、なにかを口にはしています。でも面倒なので、ついつい**同じものばかりを食べてしまいます。**死ななきゃいいと思うのですが、**やっぱりまずいでしょうか?**

A
8

完全食にも限界があるようです。

完全食という言葉を近ごろ見聞きするようになってきました。完全食とは、それだけを食べていたら、健康を保つために必要な栄養素がすべて摂取できる食べ物のこと。卵などがそれにあたるといいます。

じつは、そんな言葉が世のなかに出まわる前に、完全食に近い食生活を実践していた人を知っています。その人は若いころ、出身地から遠い大学に入学して一人暮らしをはじめたのですが、自炊したことがないので食事を作るのも面倒くさい。しかし外食やテイクアウトばかりではお金もなくなるので、基本的に、ご飯だけを炊いて、おかずは卵焼きか目玉焼き、たまに豆腐を買って醤油をかけて食べる、という日々を一年ほどつづけていたそうです。するとある日、栄養学科の知人がその人の顔を見て、授業で習った典型的な栄養失調の症状があらわれている、とびっくりしたそうです。完全食といわれる卵に加え、ご飯や豆腐まで食べていたのに、**やっぱりだめ**なんですね。

さて、海に囲まれた日本ですから、大量の荷物を運ぶため、江戸時代には海運が発達しました。一方で、外国との自由な往来をさせないために、船の形状には規制がありました。つまり、あえて航海能力の劣った船を作っていたのです。よって当然、遭難が多発します。そうして嵐などにあって漂流したけれど、運よく日本にもどることができた場合、役人が聞きとりをしましたので、江戸時代には多くの漂流記が残されました。その漂流記のひとつ『**無人島談話**』には、遭難してなんとか無人島にたどり着いたところ、何年か前に同じくその島に漂流して、たったひとりでサバイバルしていた人と出会った場面が描かれています。

三年前にこの無人島に漂着したその人は、火をおこす道具もないので、生魚《なまざかな》と生鳥《なまどり》を食べて命をつないでいたそうです。もともとは四人いたのに、三人は死んでしまい、生き残ったのはひとりだけとのこと。そこで、新たに漂流してきた人たちは、幸い食料を持っていたので、それを与えることにしました。

顔色は青く、眼のなかは赤く、月代《さかやき》は剃らず、まったく危《あや》ういようすに見えたので、握り飯をひとつとり出して与えたところ、すこしばかり食べて吐き出した。

「もったいないことですが、生鳥を食べていたせいか、食べることができません」

そう言って返した。

（『無人島談話』）

魚と鳥だけの偏食でも、かろうじて生きることはできるようですが、ほかのものも食べられるぐらいにしておくのがよさそうですね。

『無人島談話』

（加藤貴校訂『漂流奇談集成』叢書江戸文庫1、国書刊行会、一九九〇年）

面色青く、眼中赤く、月代《さかやき》はすらず、誠にあやうき様子に見へ申候《もうしそうろう》に付《つき》、にぎりめし壱《ひと》つ取出し与へ候《そうろう》処《ところ》、少々計《ばかり》給《たまわり》候《そうらい》てはき出し、勿体《もったい》なく候得共《そうらえども》、生鳥たべ候《そうろう》故《ゆえ》か給られ申《もうさ》ず候《そうろう》と申《もうし》、相《あい》かへし申候《もうしそうろう》。

自分のからだで試してみたら

9

――人見必大『本朝食鑑』

Q 9

昔から鶏肉が大好きです。あるとき、ふと、**ニワトリ以外の鳥は、どんな味がするんだろう、**と疑問に思いました。それも、カモとかアヒルとかじゃなく、**カラスなんかです。**カラスが飛んでいくのを見ては悶々としています。**食べられるんでしょうか?**

A 9

食べられますが、**酸っぱくて渋くて、生臭い**ようです。

いま、ジビエ料理が脚光を浴びてますね。ジビエはフランス語で、猟で獲った野生鳥獣のこと。フランスなどでは、風味の強いジビエを用いた料理が昔から好まれており、日本でも最近、注目を集めています。

さて江戸時代、表向きは四つ足の獣の肉は食べないことになっていましたが（じっさいには食べていた記録が案外、残っています）、鳥と魚はおおっぴらに食べることができましたから、当時としては貴重な動物性タンパク質でした。とはいえ、カラスとなると、わざわざ食べようと思う人は少ないのですが、そんな身近だけど普通は食べない鳥について、味や効能を記しているのが**人見必大**（ひとみひつだい）の『**本朝食鑑**《ほんちょうしょっかん》』です。

漢方の本場、中国では、本草学《ほんぞうがく》という薬物についての学問が発達しました。また東洋医学では、医食同源（日常的に食べるものが薬になる）という考え方もあります。そんな薬物や食物について知識を集大成したのが李時珍《りじちん》の『本草綱目《ほんぞうこうもく》』という書物で、日本の医学・本草学にも多大な影響を与えました。

『本朝食鑑』も『本草綱目』から強い影響を受けています。それでいて感心するのは、ただ『本草綱目』の記述を受け売りして紹介するだけではなく、きちんと**みずから試みて検証している**ことです。これは、医食同源という視点で庶民の日常食を検討する、という人見必大の編纂《へんさん》意図によるものです。ですので、穀物をはじめとした植物はもちろんのこと、当時の庶民がよく食べる魚類や鳥類について、多く記述されているのですね。

もっとも、あなたが気になっているカラスは、江戸時代でもけっして日常食ではありませんでしたが、ちゃんと記述があります。もとは漢文で書かれていますので、以下、平凡社東洋文庫の島田勇雄訳で紹介しましょう。

酸渋。平。無毒。最も臊《なまぐさみ》羶の気が多い。妄《みだり》に食べてはいけない。ただ病を治すときは、我慢して食べるがよい。炙食によく、煮食はよくない。

（人見必大『本朝食鑑』禽部之三「烏鴉」）

ううん、酸っぱくて渋くて、生臭いのか。やっぱりわざわざ食べることは推奨していませんが、治療のために我慢して食べるとのこと。ちなみに、結核による咳《せき》や女性の血症などに効くそうです。どうしても食べなければならないときは、煮るより炙《あぶ》った方がいいんですね。

『本朝食鑑』の頁を繰っていると、カラスはもちろん、いまではとても食用にしない（できない）鳥がたくさん出てきます。

たとえばツル。いま、ツルを食べるというとぎょっとするかもしれませんが、江戸時代では殿様に献上する高級食材でした。ツルといっても、タンチョウヅル（丹頂鶴）・ナベヅル（黒鶴）・シラツル（白鶴）・マナヅル（真鶴）と種類がありますが、それぞれ味が異なるようです。

大抵賞味されるものは黒鶴・白鶴・真鶴であるが、黒鶴が最も美味であり、また肉・血ともに香臭があって、他禽とは殊《こと》なるといわれる。丹頂鶴の肉は硬くて味は美《よ》くなく、たとえ外国の物であっても好くはないので、食べることは少ない。

（人見必大『本朝食鑑』禽部之一「鶴」）

なるほど、ナベヅル（黒鶴）が一番おいしくて、タンチョウヅルは硬くていまいちなのか。なお中国では、ツルは霊鳥あつかいですので食べません。よって『本草綱目』にはツルの味についての記述はなく、この『本朝食鑑』の「食レポ」は貴重といえます。

さらに、ホトトギスは「臊気《なまぐさみ》があって食べられない」とか、ウグイスは「稍《やや》佳《よ》い。然《けれ》ども至好の食とはいえない」とか、メジロは「味は佳くない」など、興味深いレポートが散見します。

ついでに紹介すると、『本朝食鑑』には、魚類や鳥類ほど多くはありませんが、虫類も部立てされています。そのなかに「蛞蝓」という項目があるのですが、これはナメクジのことです。なにもそんなものを食べなくても、と思うのですが、なんでも「鼓脹・便閉」、すなわち便秘でお腹にガスがたまって脹《ふく》れる症状に効くらしいのです。

人見必大がナメクジを処方した実体験も記されています。

予《わたし》は、ある官家の娘で十二・三歳の、もともと体が虚弱で疳労《かんろう》・腫脹《しゅちょう》を患っている者を治すのに、蛞蝓《なめくじ》を炙り用いた。一日一箇ずつ用いて、三日めには小水（＊おしっこ）が過多《たいへんおお》くなり、竟《つい》には一日五・六十度にもなって、腫脹はすっかり消えたが、気怯にして気絶しそうになった。それで急いで大剤補中の益気に熟付を加える方を投与すると、全く癒えた。

（人見必大『本朝食鑑』蛇虫部「蛞蝓」）

いやはや、治療のためとはいえ、炙ったナメクジは嫌ですね。しかも飲んだ娘が気絶しそうになるなど、けっこう危なかったようですし。

なお、野生動物は得体の知れないウイルスを持っているかもしれませんので、生ではもちろん、たとえ火を通すとしても、けっして自己判断で食べないでください。というより、そもそも鳥獣の捕獲は原則として法律で禁止されてます。くれぐれもご注意ください。

人見必大『本朝食鑑』（島田勇雄訳注『本朝食鑑1〜5』東洋文庫二九六・三一二・三四〇・三七八・三九五、平凡社、一九七六〜八一年）

宮御寶前
商人
講中

10 言葉以外に思いを伝える方法

——井原西鶴『好色五人女』

Q 10

好きな人に告白したいのですが、**どうしたらいいでしょうか？**

ちなみに相手のそぶりから脈ありと思っているのですが、それは私の勝手な思い込みかもしれず、**告白する勇気が出ません。**

A 10

まず言葉以外の方法で思いを伝えて、**探りを入れてみましょう。**

以前、中国人留学生から、なんで日本人は付きあうのに告白するんですか、と聞かれて驚いたことがあります。そのときは、友人を巻き込んでサプライズ告白し、その様子を動画に撮ることが流行っていたので（いまでもありますかね）、その話題になったのですが、みなの目の前でのサプライズ告白など、留学生の彼からすると、恐怖以外のなにものでもないそうです。どんなに好きな人でも、そんなことをされたら断るだろう、とも。

個人差もあると思いますが、そもそも**付きあう前に告白するというのは、世界的に見て当たり前のことではない**ようです。欧米では、デーティング期間といって、恋人になるまでに互いの相性を確認する時期があるのが一般的で、そのときにキスどころかセックスを含め、日本人的感覚からは「一線を越えた」方法で相性を確認することも少なくないとのこと。そしてどこかの段階で、互いの愛情を言葉で確認する機会があり、晴れて恋人という認識になるため、日本人のように、お試し期間もなく告白からすべてがはじまるというのは、あまりにリスキーで理解しがたいことに思えるようです。

江戸時代では、**結婚は親（あるいは家）が定めるもの**で、そうではない男女の付きあいは野合《やごう》であるとされますが、人が惹かれあうのにこんなルールに縛られるはずもなく、結婚を前提としない男女関係や、結婚以外の恋愛はいくらでも見出せます。

では、告白してから付きあうかというと、やはり自然に惹かれあって恋愛関係になっているようですから、面と向かって「付きあってください」という告白からはじまるというのは、ありはしますけれど、それが当たり前というわけではありません。

一方、まずラブレターで思いを伝えるというのは、よく見受けます。これなど、和歌の伝統が影響しているのではないでしょうか。男女の恋のやりとりでは、まず男が、あなたのことが好きだ、という歌を詠んで思いを相手に伝え、女は、ほんとうかしら、と疑う歌を返すというパターンを何度もくり返します。その恋歌が文章になったのがラブレターですから（ラブレターのなかに歌が詠まれることも多いです）、まず男が告白してして恋がはじまるという日本の常識（これもいまは変わりつつありますね）は、あるいは和歌の伝統に根ざしているのかもしれません。

そう思うと、面と向かってではなく、LINEなどのSNSで告白するというのも、最近では珍しくないようですが、これも和歌や手紙というコミュニケーション・ツールがSNSに置き換わっただけで、日本的な伝統としてなっとくできる面もあるように感じます。

また江戸時代の小説では、結婚していない男女が、互いに惹かれて思いを通わすきっかけとして、合奏するシーンがよく描かれます。男が笛を吹き、女が琴を弾き、その調和したハーモニーで互いの恋情を確認するというのですから、なかなか風流ですね。あなたと相手がともに楽器を演奏するならば、そういう方法もあるかもしれませんが、さすがにレアケースすぎますし、そもそも奇跡的にすばらしいハーモニーを奏でたところで、それで愛情が確認できた、と解釈するのは、ちょっと危ないかもしれません。

西鶴の『**好色五人女**《こうしょくごにんおんな》』は、五組の男女の恋愛模様を描いた名作ですが、なかでも八百屋お七で知られる「恋草からげし八百屋物語」はとりわけ有名です。八百屋お七は、火事で避難した先の寺で小姓《こしょう》（住職の雑用をつとめた少年）と恋仲になり、もう一度会いたいがため、また火事になれば寺に避難して会うことができると思って放火した結果、捕まって処刑されたという話です。これは実話をもとに西鶴が小説化したもので、浄瑠璃や歌舞伎でもあつかわれています。

このお七と相手の小姓・吉三郎《きちさぶろう》との出会いの場面が見事なんですね。

家族とともに寺に避難したお七は、あるとき、美しい少年が指に刺さった棘《とげ》を抜こうと、毛抜きで悪戦苦闘しているところに出くわします。棘はあるかないかという細かいものですから、なかなか抜けません。そこでお七の母が、私が抜きましょう、と手伝うことに。しかし老眼なので思うに任せず、お七は、私なら抜けるのに、と思いつつ、やはりそこは娘のたしなみで、みずから申し出ることはありませんでした。そのうち、母親がお七に「これを抜いて差しあげなさい」と呼びかけたので、よろこんでそうすることにしました。

その少年の手をとって、難儀を助けて（棘を抜いて）さしあげたところ、この少年は我を忘れた様子で、お七の手を強く握った。お七は少年から離れがたく思ったけれど、母親が見ているのが嫌で、仕方なく立ち別れたところ、わざと毛抜きを持ったまま帰った。そして（返し忘れたのにあとで気がついたふりをして）毛抜きを返しにいってきます、と少年のあとを追いかけ、その手を握り返したので、これからふたりは両思いとなった。

（西鶴『好色五人女』「恋草からげし八百屋物語」）

どうですか、まったく言葉を交わさなくとも、手を握りあうことによって思いを相手に伝え、共有できていることがわかります。面と向かって言う、あるいは和歌やラブレターなどの言葉による告白だけが、思いを伝える方法ではないとわかりますね。

そういえば、音楽を演奏するのも、言葉以外に思いを伝える方法ですね。お七と吉三郎が母親に知られるのを憚って、手を握るという方法をとったように、人の目や世間体を気にすることの多い日本人には、言葉を用いないというのは、なかなか有効な手段かもしれません。また触覚に訴えかけている点でも有効なアプローチで、嗅覚や味覚などを刺激するのもおもしろいかもしれません。

どうでしょう、言葉で告白する前に、まず言葉以外の方法で探りを入れてみてはいかがでしょうか。もっとも、いま手を握ったりするとセクハラで訴えられるかもしれませんのでおすすめできませんが、たとえば、じっと見つめていて目があったら笑いかける、などはどうでしょうか。

じつはあなたの「勝手な思い込み」で、脈がなかったら少々イタい行為ですが、言葉で伝えていないので言質《げんち》をとられる心配もなく、え、なんのこと、としらばっくれることもできますよ。

井原西鶴『好色五人女』

（暉峻康隆・東明雅校注・訳『井原西鶴集（1）』新編日本古典文学全集六六、小学館、一九九六年）
（谷脇理史訳注『新版 好色五人女 現代語訳付き』角川ソフィア文庫、二〇〇八年）

かの御手をとりて、難儀をたすけ申しけるに、この若衆《わかしゅ》我をわすれて、自らが手をいたくしめさせ給ふを、はなれがたかれども、母の見給ふをうたてく、是非もなく立ち別れさまに、覚えて毛貫《けぬき》をとりて帰り、又返しにと跡をしたひ、その手を握りかへせば、これよりたがひの思ひとはなりける。

無知は純情を殺す 11

──『恨の介』

Q 11

優等生に恋をしています。彼女は頭がよく、なにげない日常の会話でも、趣味がいいな、教養があるな、と感じることばかりです。一方の私は運動ばかりしており、なにか読むといっても、せいぜい格闘マンガぐらいです。**彼女と話が合うとは思えないのですが、どうしたらよいでしょうか？**

A 11

無教養は死を招きます。

まったく違った資質を持っていながら、相補うように欠点をカバーして、互いの長所を生かしているふたりがたまにいますが、そういう姿を見ると、ほんとうにステキだな、と思います。「割れ鍋に綴《と》じ蓋《ぶた》」なんて言葉もありますね。壊れた鍋にもそれにふさわしい蓋があるように、どんな人にもふさわしい相手がいるというわけです。

しかし、互いの欠点が相損なう「割れ鍋に割れ鍋」という例も案外多いもので、異なる資質の人がうまくやっていくのは、そんなに簡単なことではないとも感じます。とくに、それが教養にかかわることならば、教養が異なるふたりがうまくやるのは、なかなか容易ではありません。

なお、ここで教養というのは、かならずしもハイ・カルチャーに限定しているのではなく、その人の文化的背景のことを指していますので、たとえばあなたは格闘マンガをかなり読み込んでいるでしょうから、格闘マンガの教養があるといえます。

さて、やはり教養を同じくする人の方が、間違いなく話が合います。その文化特有の価値観、考え方、語彙を持って人生を生きていますので、同じくそれを知っている人の方が、余計な説明がいらないからです。

『**恨《うらみ》の介《すけ》**』という**仮名草子《かなぞうし》**の作品があります。主人公の恨の介は、歌舞伎者《かぶきもの》といわれる荒っぽい伊達男《だておとこ》だったのですが、雪の前という名の貴族のお姫様に恋をしました。なんとか手紙のやりとりをするところまでこぎ着けたところ、姫様の手紙が、（貴族だったら当然知っている）和歌を踏まえた書きぶりなので、暗号のようにさっぱりわかりませんでした。それでも人に教わって意味を知り、なんとか逢い引きするまでにいたります。そうして翌朝の別れの際、恨の介は、次はいつ会えるのか、と聞きました。

恨の介は雪の前の袖にすがりついて申しあげた。

「またいつ会えるのですか」

雪の前はおっしゃった。

「来世《らいせ》で、お目にかかりたいと思います」

（『恨の介』）


じつはこの、来世で会いましょう、というのは、別れる際に女性が口にする決まり文句で、この世ではもう二度と会わない、という意味ではありません。しかし恨の介はそんな教養がないので、この世ではもう会うことができない、と悲観して死んでしまいました。

誰だって最初は教養がないものです。いまからでも遅くありませんから、あなたも優等生と話を合わせたいなら、相手の持っている教養をすこしずつでも身につけましょう。

『恨の介』（前田金五郎・森田武校注『仮名草子集』日本古典文学大系九〇、岩波書店、一九六五年）

恨の介袖《そで》にすがりつき、「またいつぞ」と申《もう》しければ、雪の前殿「後生《ごしやう》にて御見参《げんざん》に参り候べし」と仰せければ（後略）

伽藍旧跡

本気に対しては本気で 12

――近松門左衛門『心中天網島』

Q 12

夫が若い女性と浮気をしています。相手は水商売をしており、店に通っているうちに恋仲になったそうです。ぜったい騙されていると思っていたのですが、意外にも相思相愛のようです。ふたりとも許しがたく、怒りで夜も眠れないぐらいです。それでも、子どももいますし、やはり夫とは離婚したくありません。**ふたりを別れさせる**には、どうしたらいいのでしょうか**？**

A12

夫を思いやる手紙を その若い女性に送ってみましょう。

結婚願望の強い女子学生と話をしていると、ぜったい若いうちに結婚しなくちゃ、とあせっている様子が見受けられます。それは、若いうちに結婚したい、ということと、「商品価値」の高い若いうちに結婚しなければ、という二重の意味があるようです。もっとも、いまどきそういう人は少数派かもしれませんが、それでも一定数、そう考える人がいることは事実です。

そうした話を聞くたびに私は、前者はまだしも、後者の発想は、いずれみずからの首を絞めることになりますよ、と伝えることにしています。それはそうですよね。若い女性に高い「商品価値」を見出す男性、つまり若い女が好きな男をターゲットにして、そういう人の需要に応じるために、自分が若いうちに売り込んで、仮に成功したとしましょう。

当初はよいでしょうが、人は誰でも歳をとります。どんなにアンチエイジングに励んだところで限界はあるでしょう。しかし、なにしろ夫は若い女性が好きなのですから、妻が若い女性でなくなったときに、別の若い女性に心惹かれてしまうことは、かなりの確率で予想できるのではないでしょうか。

もちろん、人は変わりますから、一緒にいるうちに若さよりも素晴らしい価値観に目を開かせることができたら幸いです。しかし一方で、人は変わりませんから、そもそも若い女性が好きという性向は容易には修正できないかもしれません。そんなこんなを考えると、やはり若い女性であることに格別の意義を見出す男性は、警戒してしかるべきではないかと思います。

さて、夫が若い女性と浮気をしているとのこと。もしもあなたが若くて「商品価値」が高いうちに、と思って若い女性が好きな夫をつかまえたのだとしたら、来るべきときがついにきた、ということになりますね。しかしそれはいまさら言っても仕方がないことですから、善後策を検討してみましょう。

相手の女性は水商売をしていらっしゃる様子。まだ若いのですから、店の経営者ではなく、従業員のひとりでしょうか。そこに通ううちに恋仲になったということは、そういう関係になるまで、あるいはなってからも、相応のお金がかかったはずですね。こういう状況からして、たしかに夫は、いい金づるとしてカモにされている可能性が高そうに思えますけれど、意外にも相思相愛とのこと。

それだけの関係になるまで店に通うからには、さすがに兆候があったでしょうから、あなたには、夫が店に遊びで通って玄人《くろうと》にあしらわれているうちはよいけれど、本気になられたら許せない、という一線でもあるのでしょうか。いずれにせよ夜も眠れないほどの怒りのポイントは、**相思相愛**という点にあるのでしょう。

なかなか見通しが暗い状況ではありますが、しかし別れさせる可能性は、かえってその相思相愛、互いに本気なところにあるかもしれません。

近松門左衛門（ちかまつもんざえもん）は数多くの優れた作品を残した江戸時代の戯曲家（浄瑠璃・歌舞伎作者）ですが、なかでも『**心中天網島**《しんじゅうてんのあみしま》』は男女の恋愛の機微を描いた傑作です。

上方《かみがた》の演劇には、なよなよとした男を演じる和事《わごと》という伝統があり、その和事で演じる優男《やさおとこ》は、現代的な感覚からしたら、意気地がなく、だらしなく、甲斐性がない、まさにダメ男。でもこうした男に強烈に惹かれてしまう女性が一定数いるのは、いまも昔も変わらない人の世の真実です。

近松は、そんなダメ男を主人公に据えた作品をたくさん残しており、この『心中天網島』の主人公・紙屋治兵衛も、そんな男です。妻子がいながら遊女の小春に入れあげて、妻のおさんには苦労をかけてばかり。小春も遊女ながら、治兵衛とは真剣に恋をしており、とてもふたりは別れそうにありません。

そんな小春が、治兵衛と別れることを決心し、ほんとうはまだ恋い慕っていながらも、表向きでは薄情なそぶりで愛想《あいそ》づかしをする場面があります。真意を知らない治兵衛は逆上してしまうのですが、さて、相思相愛だったのに、小春はどうして別れようと決意したかというと、それは、おさんから手紙をもらったからなのです。

妻からの手紙、普通だったら夫を奪ったことを責められそうなものですけど、おさんが小春に書いた手紙の内容は、そのようなものではなかったことが、のちにおさんの口から明かされます。

（おさん）「私は一生、言わないでおこうと思っていたけれど、包み隠してむざむざと（小春を）殺すことになる罪もおそろしいので、大事なことを打ち明けます。小春さんに不誠実なことはすこしもないけれど、ふたりの手を切らせたのは、この私が仕組んだことです。あなたがふらふらと死のうとする気配さえあったので、あまりに悲しくなり、『女同士、互いに助けあうものといいます。思い切ることのできない関係を思い切って、夫の命を助けてください。お願いします、お願いします』と懇願した手紙に感じ入り、『身にも命にも代えられない大事な人だけれど、引くに引けない義理がからむことですから、思い切ります』と小春さんから返事が来ました」
（近松門左衛門『心中天網島』中之巻）

おさんは、死にそうなほど思い詰めた夫の様子を見て、小春に手紙で、夫の命を助けて、と懇願します。これが小春を責める言葉だったらまたちがったでしょうが、立場は変われど、同じく治兵衛を愛している小春は、女同士の義理に感じて、治兵衛の命を助けるためならば、と不誠実の汚名をこうむっても、いつわりの別れ話を切り出すことにしたのです。

あなたも、相手の若い女性を責めるのではなく、同じ男性を愛した女同士の心に訴えて、愛する男の破滅を救うために別れてください、と懇願してみてはどうでしょうか。もしかしたら、別れさせることができるかもしれません。

もっとも、仮に別れさせることができたとしても、それがよいことかどうかはわかりません。また、その後のことも保証いたしかねます。

小春と治兵衛は結局、タイトルどおり心中しました。

近松門左衛門『心中天網島』（諏訪春雄訳注『曾根崎心中 冥途の飛脚 心中天の網島 現代語訳付き』角川ソフィア文庫、二〇〇七年）

わしが一生言ふまいとは思へども。隠し包んでむざ〳〵殺す其《そ》の罪も恐しく。大事のことを打明ける。小春殿に不心中芥子《けし》程もなけれども。ふたりの手を切らせしは此《こ》のさんがからくり。こな様《さん》がうか〳〵と死ぬる気色《けしき》も見えしゆゑ。あまり悲しさ女は相見《あひみ》互事《たがひごと》。切られぬ所を思い切り夫の命を頼む〳〵と。かきくどいた文《ふみ》を感じ。身にも命にも代へぬ大事の殿なれど。引かれぬ義理合思ひ切るとの返事。

からだで伝える愛は、痛い 13

──『誹風柳多留』

Q 13

好きな人ができて、**彼のいない人生**なんて**考えられません。**この思いをとどめるために**タトゥーを入れたい**のですが、**どうしたらいいでしょう？**

A 13

心中立《しんじゅうだて》は慎重に。

たしかに欧米ではそのような動機でタトゥーを入れる人も少なくないようですね。また軍隊に入る場合、仲間内でなめられないためにすぐにタトゥーを入れるとも聞いたことがあります。

あなたが検討しているのは、柄なのか文字なのかわかりませんが、文字の場合は、彼氏の名前ということになりますでしょうか。その場合、漢字や平仮名でもいいはずですが、入れ墨ではなくタトゥーと称していることからも、おそらくアルファベットなんだろうな、と想像します。

ところで、日本人からしたら、アルファベットの方がなにやらかっこよく感じるのと同じように、欧米人からしたら、漢字や平仮名がエキゾチックでかっこよく感じる、と聞いたことがあります。そこである若者は、意味はわからないけれど、なんでもいいから漢字のタトゥーを入れてくれ、と頼んだら、「焼肉定食」と入れられた、という笑い話を聞いたことがあります。ほんとうだかどうだか。

さて、江戸時代の遊女は、本命の客に思いを伝えるため、たとえば髪を切って渡すなど、思いをかたちにして示しました。これを**心中立**《しんじゅうだて》といいます。しかし、髪のようにまた生えてくるものではありがたみに欠けると思うのか、より過激に、生爪を剥《は》いで渡したり、指を切って渡したり、と段々エスカレートしていきます。その回復不能の激しさが、思いの強さを示すと考えられたのですね。

もっともそこは遊女。プロフェッショナルですから、たとえ指を切ったとしても、それを本命の客に渡すだけではなく、墓場から死体を掘り出して指を調達したり、あるいは偽物の指をこしらえたりして、本命ではない他の客にも、あなたが本命です、という顔をして自分のものではない（あるいは偽物の）指を渡して、人気をつなぎとめるということもしていました。

入れ墨を入れることも、そんな遊女の心中立のひとつでした。これなどは、たとえば本命の名前が新兵衛だと「新様命」などと入れますので、たまたま本命以外の客が「新○○」でないかぎり、汎用性《はんようせい》がありません。思いの強さが伝わります。

では、心変わりがなかったかというと、やはりそんなこともないのですね。新たな本命客ができたのに、「新様命」と前の情夫の名前が残っていては困る。そんなときは「火葬《かそう》」にしました。前の入れ墨を、お灸《きゅう》などで焼き消すのですね。

こんな川柳《せんりゅう》が残ってます。


い丶施主《せしゅ》がついて命を火葬にし　（『誹風柳《やなぎだる》多留』）

施主とは旦那《だんな》、つまりここでは新しい情夫のこと。前の情夫の「○○命」を焼いて「火葬」にしたわけです。いまでもタトゥーはレーザーで消せるといいますが、個人的には、やはり慎重に、と思います。

その悩み、古典が解決します。

『誹風柳多留』

（岡田甫校訂『誹風柳多留全集 新装版』全十二巻、三省堂、一九九九年）

14

精気を保ちつつ情を遂げる方法としてのスキンシップ

――貝原益軒『養生訓』

Q
14

適切なセックスの回数というのは、どれくらいなのでしょうか？

仕事でつかれているときに求められると、愛情は感じながらも、どうしても応じることがむずかしくなってしまいます。かといって仕事が忙しい時期はセックスレスでいいかというと、それもちがう気がしています。

A

14

年齢や個人差を考慮しつつも、月に一度はしましょう。あと、積極的にスキンシップを活用するのもよいと思います。

欧米ではセックスレス、あるいはセックスの頻度が低いことを理由に離婚訴訟を起こされることは珍しくありません。裁判はさておき、セックスレスやセックスの頻度が低いことは直接的な離婚原因になります。もちろん日本でも離婚原因になるでしょうが、セックスレスながら良好な関係を保っている夫婦というのも、欧米にくらべたら多い印象があります。

日本人は諸外国とくらべてセックスの頻度が低いとはよく指摘されることで、ある調査では、もっとも頻度が高いギリシアは平均週三回程度、対して日本は平均週一回程度、と約三倍の差となっています。とはいえ、プライバシーに関わることですからなかなか正確な数を把握するのはむずかしく、またあくまで平均ですから、長年セックスレスの夫婦がいれば、平均を大きく下げることになりますので、個人差がかなり大きいといえます。

ちなみにセックスレスとは、「特殊な事情が認められないにもかかわらず、カップルの合意した性交あるいは性的接触が一カ月以上ないこと」（『現代用語の基礎知識　二〇一九』）というのですから、誰が定義したのかわかりませんが、最低、月一回以上するのが現代日本では「普通」ということなのでしょうか。

さて、適切なセックスの回数はどれくらいか、という質問ですね。愛情は感じているということは、気持ちのうえでは応じたいと思いながらも、仕事などでつかれている、あるいは翌日のことを考えて身体《からだ》を休めたい、とメンタルとフィジカルの適切なバランスを見つけることに苦労しているようですから、ここは心身の健康という側面で古典に答えを見つけてみましょう。

儒学者・**貝原益軒**（かいばらえきけん）の記した『**養生訓**《ようじょうくん》』は、題名のとおり、どうすれば心身を健康に保つことができるかを指南した書です。益軒は、**元気というものは限りがあるのに、欲というのは限りがないので、内欲をつつしみ、外邪を防ぐこと**をくり返し説きます。内欲とは、飲食欲、好色欲、睡眠欲、言葉をほしいままにする欲、七情（喜・怒・憂・思・悲・恐・驚）の欲のことで、外邪とは、風・寒・暑・湿のことです。

外邪を防ぐのはわかりやすいですね。暑さ寒さ、風と湿気を防ぐのが大切ということ。内欲は、まずいわゆる人間の三大欲求とされる食欲・性欲・睡眠欲が挙げられます。どれも人が生きるため（性欲は人類が子孫を残すため）に欠かせないものですので、それをなくせといっているのではなく、つつしむ、つまり適切なところでとどめることを説いていることがわかります。食欲の腹八分目が有名ですね。この腹八分目から察せられるように、言葉をほしいままにする欲と人間の代表的な七つの感情についても、それをなくせといっているのではなく、適切なところでとどめましょう、と説いているのです。

さて、問題は性欲（好色欲）です。東洋医学の考え方では、腎臓に精気が蓄えられているとされており、この精気が人の生命力の源となっています。だから過度なセックスによって精気（精液）を使い果たすと、腎虚《じんきょ》という病気になって死んでしまうことになります。適切なセックスの回数というのは、養生のために大切なことなのです。

よって益軒は、性欲をつつしむことにも項目を立てたうえで、中国唐代の医学書『**千金方**《せんきんほう》』を参照して、男女の交接（セックス）の回数を紹介しています。それによると、二十歳のものは四日に一度、三十歳のものは八日に一度、四十歳のものは十六日に一度、五十歳のものは二十日に一度、六十歳のものはしない。しかし、体力が盛んだったら六十歳でも一月に一度、ということになります。

そのうえで益軒は、この『千金方』に書いているのは普通の人の場合であって、生まれつき虚弱な人は、もっと少なくしてつつしむ方がいい、と述べます。また、『千金方』で二十歳以下に触れていないのは、まだ成長途中なのでしない方がいいのだ、と解釈してます。

さてこうして説かれるセックスの回数、西洋基準からしたらずいぶん少ないように感じるかもしれませんが、年齢に応じて回数を減らしていく、というのがポイントでしょう。おもしろいのはその間隔が、二十歳から四十歳までは、四日に一度、八日に一度、十六日に一度、と十歳ごとに倍になっているので、この調子で五十歳では三十二日に一度になるかと思いきや、二十日に一度にとどまっていることです。なるほど、これならば一ヶ月以上しなければセックスレスという現代日本の定義にも違背《いはい》しません。そして六十歳以上でもできる人は月に一度というので、これが最低ラインととらえるとよいのかもしれません。

また六十歳でやめるということになっていますが、昔とくらべたら格段に寿命も延びているでしょうし、個人差も考慮すべきと説いていますから、六十歳でやめるのではなく、できるうちはするとして、年齢に応じて回数を減らしつつも、できるうちは最低、月に一度はするのがよいでしょう。

さらに益軒は、やはり『千金方』を踏まえて、四十歳を過ぎたらおこなうある術を紹介しています。

> 四十歳以降は、血気が段々衰えてくるので、精気を漏らさずに、ただ頻繁にセックスするのがよい。このようにすれば元気は減らず、血気はめぐり、不足を補うことになる。（中略）四十歳以上の人は、血気はまだ大いに衰えるわけではなく、枯れた木や灰のようではないので、情欲は耐えがたい。それでいて精気を頻繁に漏らしたならば、大いに元気を費やしてしまうので、歳をとった人にはふさわしくない。そこで四十歳以上の人は、セックスだけ頻繁におこなって、精気（精液）を漏らしてはならない。
>
> （貝原益軒『養生訓』）

理屈はわからないではないですが、セックスだけして精気（精液）を漏らさないとは、なかなか難易度が高そうです。しかし、愛情を感じつつも仕事でつかれてしているときなど、最後までいきつくことだけを目的とせず、積極的にスキンシップをすることも、精気を保ちつつ情を遂げる方法として活用するとよいのではないでしょうか。

貝原益軒『養生訓』（伊藤友信訳『養生訓』講談社学術文庫、一九八二年）

四十以後、血気やうやく衰ふる故、精気をもらさずして、只《ただ》しば〳〵交接すべし。如此《かくのごとく》すれば元気へらず、血気めぐりて、補益《ほえき》となるといへる意なり。（中略）四十以上の人、血気いまだ大に衰へずして、槁木死灰《こうぼくしかい》の如くならず、情慾、忍びがたし。然《しか》るに、精気をしば〳〵もらせば、大《おおい》に元気をついやす故、老年の人に宜《よろ》しからず。こゝを以《もつて》、四十以上の人は、交接のみしば〳〵にして、精気をば泄《もら》すべからず。

○○らしさを超えて生きる

15

——曲亭馬琴『兎園小説余録』

Q 15

学校の制服でスカートを履くのが嫌でたまりません。じゃあトランスジェンダー（性別と性自認が一致していない）かといわれると、まだよくわからないのですが、普段は履かないスカートを**強制されるのが**とにかく嫌なのです。

A 15

その違和感を大事にして、都会に出ましょう。

男らしさ・女らしさというものは当たり前ではなく、成長するにつれて身につけるものなのだ、という考え方が、すこしずつ認められるようになってきました。フランスの作家ボーヴォワールは「人は女に生まれるのではない、女になるのだ」（『第二の性』）という有名な言葉を残しています。

このように、〇〇らしさという属性は、その人がもともと持っていたものではなく、その社会に生まれて育っていくなかで段々獲得していったものだ、という考え方を構築主義といいます。反対に、男なんだから男らしさがあるのは当たり前じゃないか、と〇〇らしさはもともとその人にあるものだと信じて疑わない立場を、本質主義といいます。こちらもまだまだ一般的ですね。

しかし、たとえばトイレで男女の別を示すとき、男子トイレは青、女子トイレは赤とすることが多いのですが、よく考えると、人間の男性が青いわけでも、女性が赤いわけでもありませんから、「男が青」で「女は赤」である必然性はまったくありません。これなど、〇〇らしさが社会的に共有されていて、その社会に生きているから、男子トイレは青、と信じて疑わずに育っていくことを表す一般的な例になると思います。

さて、江戸時代は身分制社会ですから、武士は武士らしく、商人は商人らしく、と現代よりもずっと〇〇らしさを求められていました。当然、男らしさ・女らしさについても、いまよりもずっと強制力があったのですが、それでも、そのような〇〇らしさに収まりきれない人生を生きた人々がいます。

『南総里見《なんそうさとみ》八犬伝《はっけんでん》』で有名な**曲亭馬琴**（きょくていばきん）は、作品の読者でもある友人たちと頻繁に手紙のやりとりをしていました。それらはいま『**馬琴書翰集成**』というかたちで読むことができます。手紙では、創作に関わるさまざまなことが書かれていて興味が尽きないのですが、折に触れて、巷《ちまた》で耳にした珍しい話も記しています。

馬琴はあるとき、男性かと思ったら女性であった人物の話を紹介しています（天保三年十一月二十五日篠斎宛書簡）。

ある蕎麦屋の子は、女なのに男として育って吉五郎と呼ばれており、背中にはりっぱな入れ墨がある。お風呂には行くふりをして入らず、それでもたまに、風呂屋が終わる間際の夜に、人混みに紛れて入った。しかし、吉五郎が女であることを知っているものがいて、その男と密通したので、妊娠して男の子を出産することに。それが評判になってしまったので、町奉行所に召し捕られて牢に入れられ、牢屋敷から奉行所に召し出されたときは、一目見ようと野次馬があふれた、とのこと。また異説として、どこかで夫を殺して逃げ、男に姿をかえたともいわれているそうです。

後日、馬琴のもとに続報が入り、それをまた手紙で記しています。それによると、吉五郎は蕎麦屋の子ではなく、遠国出身で、最初は四谷新宿の茶屋に奉公したのちに、蕎麦屋に奉公したことになってます。そして密通した男は四谷に住む博徒《ばくと》とのこと。出産後、蕎麦屋をクビになったけど、その生まれた男の子は蕎麦屋が引きとって育てているそうです。

この話、馬琴はのちに『**兎園小説余録**《とえんしょうせつよろく》』という本にもまとめているのですが、そこでは吉五郎の姿かたちを次のように描写しています。

年齢は二十七、八歳ぐらい。月代《さかやき》を剃り、いつも腹掛けをしっかりと着けて胸を見せない。背中には大きな入れ墨があり、俗に金太郎小僧というものの姿を彫っている。背中だけでなく、手足の甲までも彫り物をしていないところはない。その彫り物にところどころ朱をさしているので、青と赤がまじってすさまじい様子である。丸顔で太っており、大柄である。その仕事ぶりは男と変わらない。（曲亭馬琴『兎園小説余録』「偽男子」）

なるほどこれならば、強面《こわもて》の大男と思われるでしょうね。

そして、この吉五郎の例に触発されてか、似たような話が聞えてきます。なんでも、やはり四谷には、大番与力《おおばんよりき》（江戸城警備役配下の役人）の弟に、おかつというものがいて、幼少のころから女子のような格好をしているという。歳をとっても丸髷《まるまげ》に櫛笄《くしこうがい》をさし広帯《ひろおび》を結ぶという女性の格好をしており、誰が見ても男とは思わなかったけれど、よく気をつけて見ると、歩き方が女性らしくなかったそうな。

おかつは四十歳ぐらいで妻がいて、子どもも何人かいる。職業は針医《しんい》（鍼医者《はりいしゃ》）で、四谷では「女男《おんなおとこ》」といって知らないものはないという。悪事を働くこともなく、また与力の弟ということもあってか、公のお咎めもなく暮らしているそうです。

吉五郎は男装の女性でしたが、おかつは女装の男性です。しかも、みなが知っているのに、妻子さえいて針医として働いているというのですから、レアケースといえど、江戸時代でもこのような生き方も許されたのか、と驚きます。

さらに、『兎園小説余録』には記されていないのですが、馬琴の手紙のやりとりでは、京都にも似たような話がありますよ、と馬琴はこんな例を聞いています。

なんでも、その女性は祇園《ぎおん》町の妓女《ぎじょ》（遊女）ながら男の姿をしており、その「偽男子」は、妓女のつとめを終えた美しい婦人と、夫婦のように一緒に暮らしているそうです。

こうして捜してみると、江戸時代でもいろいろな例があることがわかりますね。これらは珍しい話として記されていますので、あくまでマイノリティであり、またそれぞれのケースで事情は異なるでしょうけれど、時代が強制する、〇〇らしさを超えて生きたことがわかります。

さて、あなた自身が迷っているように、どのような性的指向を持っているのか、いまだ判断がつきかねると思います。しかし、違和感を感じていることは間違いありませんので、その違和感をなかったことにせずに、しっかりと見つめておいてください。そして、いよいよ男らしさ・女らしさなどに縛られない性的指向をはっきりと自覚したならば、都会に出ることもぜひ検討してください。馬琴の紹介する例が、江戸と京都という、いずれも都会で見出されたことは偶然ではないでしょう。やはりいつの時代も、田舎より都会の方が多様な生き方が許されますから。

曲亭馬琴『馬琴書翰集成』（柴田光彦・神田正行編『馬琴書翰集成』全七巻、八木書店、二〇〇二〜〇四年）

『兎園小説余録』（丸山季夫編『兎園小説余録ほか』日本随筆大成新装版第二期第五巻、吉川弘文館、一九九四年）

年廿《にじゅう》七八許《ばかり》、月代《さかやき》を剃り、常に腹掛をかたくかけて乳を顕さず。背中に大きなるほり物あり。俗に金太郎小僧といふもの丶かたちを刺《ほ》りたり。この余、手足の中までも、ほり物をせぬところなし。そのほり物にところ〴〵朱をさしたれば、青紅まじはりてすさまじ。丸顔ふとり肉《じし》にて大がら也。そのはたらき、男に異なることなし。

江戸のシスターフッドたち 16

――曲亭馬琴『傾城水滸伝』、小津久足『ぬさぶくろ日記』

Q 16

私は気が強く、よく男勝《おとこまさ》りな性格だね、といわれます。たしかにそうなのですが、そもそも**女は男に負けるものだ、という前提が気に入りません。**

男に勝った女の話はないのですか？

A 16

こんな女盗賊もいました。

勝ち負けという基準で考えていいかわかりませんが、最近、ようやく日本でも女性がトップになる組織が出てきました。しかし、これが江戸時代となると、男尊女卑が大前提ですから、女性が男性をしたがえる、ということは基本的にありません。しかし、そうはいってもなにごとも例外はあるもので、いくつか男勝りの女性も散見されます。

まず、これはフィクションですが、馬琴に『**傾城水滸伝**《けいせいすいこでん》』という合巻《ごうかん》があります。合巻というのは、毎頁に絵があり、絵の余白に文字が書かれている絵が主体の作品で、いまでいうマンガのようなもの。大衆向けでとても人気があり、なかでもこの『傾城水滸伝』は大当たりして、爆発的に読まれました。

中国白話小説の『水滸伝』は、百八人の盗賊が梁山泊に集まって朝廷に刃向かうストーリーですが（のちに朝廷に帰順します）、その百八人のほとんどは男です。それを馬琴は、舞台を日本に変えたうえで、登場人物の性別を反転、つまり男は女に、女は男に換えるという奇想天外な物語をつづりました。

なにしろもとの『水滸伝』は、百八人の豪傑が暴れまわるのが魅力ですから、『傾城水滸伝』は、力自慢の女が縦横無尽に活躍する話となっており、あなたが読むと、きっと痛快極まりないのではないかと思います。当時も大流行して、気が強い女性のことを、「あれは傾城水滸伝だ」といわれるほどだったといいます。

ともあれ、これはフィクションのこと、そんなことは現実ではあり得ないかというと、じつはこんな記録が残っています。

江戸時代後期に、**小津久足**（おづひさたり）という裕福な商人がいたのですが、彼は映画監督の小津安二郎《おづやすじろう》の大伯父（お爺さんの兄）にあたる人で、文化活動にもとても熱心でした。馬琴とも友人で、馬琴から久足に宛てた手紙がたくさん残っています。

久足はよく旅をして、生涯に四十六作もの紀行文を残しているのですが、その紀行文のひとつ『**ぬさぶくろ日記**』に、このような記述があります。

旅の途中、近江《おうみ》の石部宿（現在の滋賀県湖南市）に宿った折、その宿の主人から次のような話を聞きました。

> 近ごろ、三上山《みかみやま》に女の盗賊がいたということを、宿の主人が話した。これは、京都に滞在していたときにも人々から聞いていたものだが、秋のころ、重い刑罰に処されたという。女は見た目も悪くなく、もともとはこの近江の国のどこかの宿の飯盛り女（売春婦）であったところ、ついに盗賊となり、三上山の岩窟に住んで多くの賊をしたがえ、往き来する旅人を脅《おびや》かしていたという。
>
> 刑罰がおこなわれるときには、
>
> 「また賊に生まれ変わることだけが願わしい」
>
> と言い、馬から引きずりおろされるときには、その（引きずりおろす役目の）男に、
>
> 「これが男の身体《からだ》にふれる最後」
>
> と戯《たわむ》れて微笑《ほほえ》んだという。じつにおそろしい女である。
>
> （小津久足『ぬさぶくろ日記』）

三上山は「近江富士」と称される滋賀県野洲市三上にある山ですが、そこに女盗賊がい

て、たくさんの配下をしたがえていたというのですから、驚きます。しかも、最期にのぞんでの肝の据わり方といったら、たしかに親分の器量充分ですね。

また、これは女盗賊ではありませんが、久足が友人に送った手紙のなかにも、おもしろい記述があります。

江戸時代中期を生きた荒木田《あらきだ》麗女《れいじょ》という人がいるのですが、彼女は擬古文《ぎこぶん》でたくさんの物語を書いており、それは当時からマニアックな人気を集めていました。久足もその作品の魅力を知って収集をはじめ、何十年もかけて多くの作品を手に入れました。その収集の過程で、麗女に関する噂を耳にすることがあったようで、こんなことを、手紙で書き記しています。

麗女の著述はたくさんございますが、多くは散逸しているのはとても残念にございます。山口凹巷《おうこう》の話では、麗女は夫を奴僕《ぬぼく》のようにつかい、夫に墨をすらせて、ものを書く様子など、よほど憎たらしい婦人と見受けられたとのこと、うけたまわっております。この夫は文盲《もんもう》（学識がないこと）ですが、手跡《しゅせき》はよく、一生、麗女の筆耕をしたとのこと。著述はすべて、この人の筆跡でございます。麗女自筆は手が弱く、達者ではないと見受けられますので、夫に書かせたのでしょうか。著述にかぎらず、『夫《ふ》木集《ぼくしゅう》』の写本などを先年見受けたことがございました。この人の写した歌書など、少々は所持しております。

（菱岡憲司他編『石水博物館所蔵 小津桂窓書簡集』書簡一一七）

荒木田麗女は伊勢山田（現在の三重県伊勢市）の人ですが、その伊勢山田に住む漢詩人の山口凹巷から、久足は生前の麗女の話を聞いたようです。

それによると麗女は、夫を奴僕のようにつかい、夫に墨をすらせて執筆し、それを清書したのも夫とのこと。当時としては、やはり異例のことで「よほど憎たらしい婦人」などといわれています。伝聞ですので、じっさいはどうかわかりませんが、麗女の作品がたくさん残されていることからも、夫が妻に献身的であったことは、まちがいなさそうです。

このように、江戸時代にも男をしたがえる女はいたのですから、数はかぎられていても、「男に勝った女」はいつの時代でもいたといえます。いずれにせよ、どちらが勝つとか負けるとかではなく、お互いに尊重して協力しあえたらいいですね。

曲亭馬琴『傾城水滸伝』（林美一校訂『傾城水滸伝』江戸戯作文庫、河出書房新社、一九八四〜八六年）

小津久足『ぬさぶくろ日記』（菱岡憲司『大才子　小津久足』中公選書、中央公論新社、二〇二三年）

ちかきころ、三上山に女の盗賊ありしよしをあるじものがたれり。こは京にあるほども人々にきゝたるが、秋のころ、おもき刑にあへるよしなりしが、こはみめ《見目》かたちもけしう《怪》はあらぬ女にて、もとはこの近江の国なにがしの宿の飯もりてふ女なりしを、つひに賊となり、三上山の崩にすみ、あまた賊をしたがへ、ゆきゝの旅人をもおびやかせしとぞ。刑にをこなはるゝ時、「又も賊にうまれかはらんことこそねがはしけれ」といひて、馬よりひきおろさるゝ時、その人に、「これぞ男の身にふるゝ、つひのをはりなる」とたはぶれてほゝ笑しよし。いとおそろしき女なり。

菱岡憲司・髙倉一紀・浦野綾子編

『石水博物館所蔵　小津桂窓書簡集』（和泉書院、二〇二一年）

麗女著述あまたに候へ《そうら》共《ども》、多《おおく》散失甚《はなはだ》残念に御座候《ござそうろう》。山口凹巷《おうこう》話に、麗女は夫を奴僕《ぬぼく》の如くつかひ、夫に墨をすらせ、ものかくさまなど、余程《よほど》心にくき婦人と見《み》請候《うけそうろう》との話、承《うけたまわり》居候《おりそうろう》。此《この》夫文盲《もんもう》に候へ《そうろら》共《ども》、手跡《しゅせき》よく、一生麗女の筆工《ひっこう》をいたし居候《おりそうろう》よし。著述は皆此《この》人の筆跡に御座候《ござそうろう》。自筆は手よわく、不達者と見請《みうけ》られ候《そうろう》　書故《ゆえ》、夫にかゝせ候《そうろう》ものか。著述に不限《かぎらず》、『夫木集』の写本など先年見請候《みうけそうろう》事御座候《ござそうろう》。此人のうつしの歌書など、少々は所持仕候《つかまつりそうろう》。

吹の井

一度死んだら、生きかえってはいけない 17

――浅井了意『伽婢子』

Q
17

先日、祖父が亡くなり、生まれてはじめて死体を見て、ショックを受けました。まるで眠っているようで、もしかしたら**ほんとうは死んでなくて、棺のなかで目が覚めて焼かれるのだとしたら、**と考えたら怖くなりました。そういうことってないんでしょうか**?**

A 17

生きかえった人は、殺されました。

さすがに現代の医療技術からすれば、医師が死亡を確認してから、生きかえることはほぼないと思いますが、遺体をきれいに死化粧《しにげしょう》している姿を見たら、まるで眠っているみたい、と感じるのも無理はないかと思います。また、眠っているだけであってほしい、生きかえってほしい、という想いからも、そう感じさせるのでしょう。

しかし、江戸時代の小説やら記録やらを読んでいると、息が切れた、とか、死んだ、とか書いていたのに、そのあとで目を覚ますシーンがけっこう多くて、びっくりしてしまいます。これは、いまの気絶や失神というレベルのことも、死んだ、と表現するから、生きかえった、ということになるのですね。

となれば、現代医学からすれば仮死状態であるものを死んだと思い、葬儀をして棺に入れたものの、突如、目を覚ますということも、やはりあったようです。

浅井了意（あさいりょうい）の『**伽婢子**《おとぎぼうこ》』は怪談の趣のある短篇集ですから、そのまま事実ととることはできないでしょうが、当時の人々の感覚や考え方が投影されている部分もあると思われます。そのなかに、まさに、死んだと思っていた人が生きかえった話が載っています。

人が死に、棺桶におさめて野辺送りも終わったのち、あるときは埋めるべき塚の前でよみがえり、あるときは火葬にする火のなかからよみがえるものがいる。これらはみな家に帰さずに、打ち殺す。あるいは病が重くなって死んだもの、あるいは息が切れて死んだもの、あるいは訳あってあの世を見たものがいる。これらは、天命がまだ尽きておらず、寿命を記した帳簿にまだ名前が記されているのだけれど、我が国の風俗では、死んだものと同じようにあつかい、屍《しかばね》をおさめ、棺桶に入れて葬式をいそぐため、たとえよみがえったとしても、埋葬する場所で生きかえったものをもどさずに、打ち殺す。

（浅井了意『伽婢子』「入棺之尸甦怪」）

ええ、せっかく生きかえったのに殺すのか、と驚きますが、なんでもこれは**下剋上《げこくじょう》の兆《きざ》しなので、殺してしまう**そうです。著者の了意自身は「これは道理があることか、ないことか。ともあれ、（生きかえった）死人の家族は残り惜しくあるだろうものを」と疑問を抱きつつ遺族に同情を寄せています。

死生観は時代によって変わります。あと百年もしたら、あの時代はこれを死んだといっていたのか、と後世の人から驚かれるかもしれませんね。

浅井了意『伽婢子』

（松田修・渡辺守邦・花田富二夫校注『伽婢子』新日本古典文学大系七五、岩波書店、二〇〇一年）

をよそ人死して棺におさめ、野辺にをくりて後に、あるひはうづむべき塚の前によみがへり、あるひは火葬する火の中よりよみがへるものあり。みな家にかへさず打ころす事、若《もし》は病おもくして絶死《ぜつし》するもの、若《もし》は気のはづみて息のふさがりしもの、あるひは故ありて迷塗《めいど》をみるものあり。これらは定業《でうごう》天年いまだ尽ず、命籍《みやうじやく》いまだ削ざるものなれども、本朝の風俗は死するとひとしく、かばねをおさめ、棺に入て葬礼をいそぐ故に、たとひよみがへるとても、葬場にて生たるをばもどさずして、打ころす。

18

作者の意図を超えたところに価値がある

——向井去来『去来抄』

Q 18

ある小説家が、自分の作品が入試問題になっていたので解いてみたら、半分も正解できなかった、となにかに書いてました。**そんな入試問題って意味があるんでしょうか？**

A

18

国語の試験問題は、一般的な日本語の文章としてどのように読めるか、を問うものですので、意味はあります。

たしかに作品を書いた人が、私はそんなつもりで書いたんじゃない、と言ったら、入試問題の模範解答がまちがっているんじゃないか、と思ってしまうかもしれませんね。しかし、そもそも国語の試験問題とは、小説であれ評論文であれ、それを書いた人がどのような意図で書いたか、を問うているのではないのです。

あえて極端な例を示してみましょう。

ある作家がいて、とにかくリンゴが大好きだったとします。よって小説のなかで、主人公が友人にリンゴを手渡すシーンを描いたとき、それは友情を超えた、なかば愛の告白のような気持ちをあらわしている、というつもりだったとしましょう。しかし、リンゴを手渡すシーンに、その愛の兆候を示すなんらかの手がかり（たとえば顔を赤らめるとか、やたら汗をかいているとか、手が震えているとか）もまったくなく、ただ即物的にリンゴを渡したように書いたとして（あえてそう書くかもしれませんね）、その場面が試験問題として切りとられたとき、そのリンゴを愛の告白のつもりで渡した、と読みとるのは至難の業どころか、根拠のない深読みになってしまうでしょう。

あるいはあなたが、不意に誰かからリンゴを渡されたとき、なんの気なしに受けとったところ、相手から「受けとったということは、私の愛を受け入れたということでいいんですね」と言われたら、ドン引きするのではないでしょうか。その人にとってリンゴがどんな意味を持っていようと、あなたにとってはただのリンゴですから。

このように、あくまで国語の試験問題で問うているのは、問題文として掲載している日本語の文章を、一般的な読解力を備えた人が読んだら、どのように読みとることができるか、なのです。その文章を書いた人が、どのような意図で書いたかではないのですね。

夏目漱石や森鷗外、太宰治など日本近代文学史において重きをなす作家ぐらいになると、あるいは夏目漱石はリンゴが大好きなので愛の象徴（これは嘘ですよ）、という背景知識を求めることがあるかもしれませんが、現代の作家でそれを求めては、あきらかに中学・高校の学習範囲を逸脱することになります。

もっとも個人的に作品を読む場合は、どう読もうがその人の自由であり、たとえば、リンゴといえばアダムとイブが食べた禁断の果実だ、ということはこれはふたりの堕落のはじまりだな、と読みとってもいいわけです。しかし、入学後にその学校の授業内容についていける日本語能力を確認するための国語の試験では、どれだけ深読みできるか、また書いた人はどんなつもりだったか、を問うているのではないのですね。

そりゃそうですね。先生から「来週までにレポートを提出してください」と指示があったときに、なるほど、先生としては再来週まででいいと思っているけれども、どうせみんな〆切を守らないから来週までと言ったはずだ、よし、再来週でいいか、と先生の「意図」を読みとり、また実際その意図が正しかったとしても、公に発せられた言葉は「来週までにレポートを提出してください」ですから、効力を発揮するのは、その言葉です。もし再来週に提出したレポートを先生が受けとってくれなかったとき、いやいや、先生は再来週まで大丈夫という意図で来週と言ったはずです、と主張しても、誰も聞いてくれないでしょう。あくまで、発せられた言葉が（一般的には）どのように受けとられるか、という共通基盤があるからこそ、学校生活も、日常生活も送れるわけです。

同じように、書かれている文章は、一般的な日本語能力を備えた人ならば、どのように読みとれるか、という基準があるからこそ、正解・不正解を判断できるわけで、特別な意味や意図を読みとる能力をはかっているのではない、ということを理解しておきましょう。

さて、芭蕉《ばしょう》の高弟に**向井去来**（むかいきょらい）という人がいます。その去来の俳論書『**去来抄**《きょらいしょう》』には、芭蕉との印象的なやりとりが収められています。

去来は、「岩鼻《いわはな》やここにもひとり月の客」という句を詠んだところ、ある人が「月の客」ではなく「月の猿」とした方がいいと言いました。しかし去来自身は「月の客」がいいと思ったので、そのことを芭蕉に聞いてみると、芭蕉は「月の猿」なんてもってのほか、と去来にどのような意図でこの句を詠んだのか聞きました。

去来は言った。

「明るい月に誘われて山野を句を思案しながら歩いていたところ、岩のうえに私と同じように月を愛でているひとりの風流人を見つけた、という意味です」

芭蕉は言った。

『ここにもひとり、月の客がいますよ』とみずから名乗り出た方が、どれほど風流だろうか。自分から名乗り出た句とするのがよい」

（向井去来『去来抄』）

「岩鼻やここにもひとり月の客」は去来の詠んだ句ですから、作者の意図でいうならば、この句の意味は、岩のうえに私と同じように月を愛でている人がいた、という同好の士を見つけたよろこびを詠んだものになります。

しかし、作者ではないけれど芭蕉は、それではおもしろくない、これは「ここにもひとり、月の客がいますよ」とみずから呼びかけた句として、はじめて風狂の趣が出ていいのだ、と言います。そのように解釈すると、呼びかける相手も、岩のうえにいた人とはならず、そもそも岩のうえにいるのは自分で、そこから月に向かって、「あなたのお客さんはここにもいますよ」と呼びかけるという、なかなかにクールでクレイジーな趣が出てきます。だからこそ、「月の客」を「月の猿」にするなんてもってのほか、と芭蕉は言ったのですね。

この芭蕉の話を聞いた去来は、自分の考えた句意（つまり作者の意図）よりも、芭蕉の解釈の方が十倍優れている、まったく、作者自身が句の真意を知らないものだ、と思いました。作者の意図がどうあろうと、いったん発せられた言葉は、作者の意図を超えたところで共有され、異なった価値を持ってくるものなのですね。

人についてもまたそうです。

自分のことは自分がよくわかっている、というのは一面の真実でありながらも、自分以外の誰かによって、評価され価値づけされることも避けられないのが人の世といえます。


向井去来『去来抄』（奥田勲・表章・堀切実・復本一郎校注・訳『連歌論集 能楽論集 俳論集』新編日本古典文学全集八八、小学館、二〇〇一年）

去来曰く「明月に乗じ山野《さんや》吟歩《ぎんぽ》し侍るに、岩頭《がんとう》また一人の騒客《さうかく》を見付けたる」と申す。
先師曰く「『ここにもひとり月の客』と、己《おのれ》と名乗り出づらんこそ、幾《いく》ばくの風流ならん。ただ自称の句となすべし。（後略）」

19

オリジナルはダサいのが古典の世界だった

——大田南畝『狂歌百人一首』

Q 19

私は**二次創作**をしています。自分の作品はさておき、よくできた二次創作もたくさんあるのに、なんだか評価が低い気がします。**やっぱりオリジナル**じゃないからなんでしょうか**？**

A 19

古典こそパクってなんぼなんです。

すでにある作品をもとに派生作品を作ることを、二次創作といいますね。この二次創作という言葉は比較的新しいものです。しかし、派生作品を作ることは昔からおこなわれていましたから、パロディなどという言葉を使わず、わざわざ二次創作という場合、先行作品として想定しているのは、マンガ・アニメ・ゲームなどのポップ・カルチャーではないでしょうか。すなわち、あなたがクオリティーに比して評価が低いと感じるのは、オリジナルではないことだけではなく、「文化の雅俗」の問題も大きく影響しているのではないかと思います（Q＆A20参照）。

そして、いまはオリジナルということが重視されていますので、二次創作にうしろめたさを感じるのかもしれませんが、そもそも**古典の世界は、先行作品を踏まえてなんぼ**です。前近代において、自分で新しく考えついたというのは、踏まえるべきものを踏まえていない＝教養がない、と見られるものでした。いまとは反対に、オリジナルの方がうしろめたいのですね。だから和歌でも漢詩でも小説でも随筆でも、あるときはあからさまに、またあるときはわかる人にはわかるようにこっそりと、とにかく先行作品を踏まえました。いわばパクってなんぼ。こうして踏まえた先行作品を**典拠**《てんきょ》といいます。

さらに、オリジナルだと思って作るなにかも、しょせんはその作者が影響を受けてきた作品の組み合わせでしかない（引用の織物《おりもの》）という考え方もあります。その意味で、古典の世界というのは、そのような「組み合わせのオリジナリティー」に自覚的だったといえるかもしれません。

そういうわけで、江戸時代はパロディ作品のオンパレード。いくらでも例を挙げることができるのですが、ここは**大田南畝**（おおたなんぽ）の狂歌《きょうか》を挙げておきましょう。

百人一首にも入っている、持統《じとう》天皇の有名な歌があります。もとは『万葉集』の歌ですが、『**新古今和歌集**』のバージョンがこれですね。

春すぎて夏来《なつき》にけらし白妙《しろたえ》の衣ほすてふ《（ちょう）》天《あま》の香具山《かぐやま》

夏服の白い衣が天の香具山に干されているのを見て、ああ、もう春が過ぎて夏が来たんだな、と季節の移り変わりを感じています。

この歌を踏まえて南畝は、こう詠みました。

いかほどの洗濯なればかぐ山で衣ほすてふ《（ちょう）》持統天皇

（大田南畝『狂歌百人一首』）

天の香具山で干すなんて、どんだけ洗濯物があるんだ、とおちょくってるわけですね。

さまざまな分野でこういう二次創作をたのしんでいたのが古典の世界です。現代では、公にする際は著作権に気を配る必要がありますが、どうぞパクってたのしんでください。

濱田義一郎ほか編

『大田南畝全集 第一巻』

（岩波書店、一九八五年）

20

新しい価値観を認めさせる方法

――文化の雅俗観

Q 20

私は**アニメが大好き**なのですが、両親が理解してくれません。はっきりいって、親がしきりに勧めてくる小説なんかより、アニメの方がずっとすばらしい作品が多いと思います。**どうしたら認めてもらえるでしょうか？**

A 20

時間の経過を待つか、外圧をかけるかしましょう。

じっさい、心が揺さぶられる、すばらしい内容のアニメも多いですよね。あなたは、自分が感じたそのすばらしさをなんとか親に伝えて、理解してもらおうと思っているわけですが、そのように価値観の共有を試みる姿勢はとてもよいことだと思います。

ただ、いままでアニメに理解を示さず、かえって小説を勧めてくるような親ですから、どれだけアニメの質の高さを訴えても、このままだと認めてもらうのはむずかしいのではないかと思います。なぜなら、**親がアニメを認めていないのは、その質が低いからではなく、アニメという新しいジャンルを俗だと思っているから**です。もし仮にアニメの質の高さが伝わったとしても、それでも俗だという認識は変わらない可能性が高いでしょう。これは**文化の雅俗観**にかかわる問題なのですね。

江戸文学の研究者である中村幸彦《ゆきひこ》は、江戸時代の文学をあつかうとき、雅俗という視点が欠かせないと説きました。

> 近世（＊江戸時代）における文学の雅俗は知識や感情の高低による別でなく、一種の社会的な約束があって、種々の文学様式は、この二つの大別に属さねばならなかったのである。既に完成された様式を持つものは、翰林詞苑《かんりんしえん》（＊学者の詩文などを集めた書）の文学となっていたから、雅であり、新に発生して未完成なものは俗であった。発生の新古や様式の相違に従って、いさぎよく区別してしまったのである。
>
> （中村幸彦『中村幸彦著述集　第五巻』「近世文学の特徴」）

いま、江戸時代らしい文化・芸術としてなにを思い浮かべるかと聞いたならば、おそらく俳諧・浮世草子・黄表紙・歌舞伎・浄瑠璃・浮世絵・三味線などが挙がるのではないでしょうか。文学史や文化史などでも、江戸時代といえばこれだ、という感じで出てくると思います。それはまちがいないのですが、気をつけないといけないのは、これらはすべて、雅俗でいうと、当時は俗文化だと認識されていたことです。

なぜ俗なのか。

その基準はただひとつ、**その時代に新しく生まれたから**です。昔から存在するジャンルや様式を人々は雅と感じ、新しく生まれたものは俗と感じるものなのです。よって江戸時代以前からある漢詩・和歌・物語・能・大和絵・琴などは、雅と感じるのです。

これは質とは関係がありません。

いや関係ないどころか、いままでの様式に飽き足らずに新しいものを生み出したぐらいですから、世に受け入れられて後世まで残っているほどの俗文化は、総じて質が高いものです。それでも、どんなに質が高かろうが、雅俗を分ける基準は古いか新しいかですから、新しいものは俗として、それまであった雅よりも下に感じてしまうものです。

なぜアニメを親が認めてくれないか、もう、おわかりですね。それは質の高い低いにかかわらず、単純に新しく生まれた俗文化だと思っているからです。反対に、親の勧める小説は、親の生まれたときからありますから、親にとっては雅文化なのです。

質がいいのに、新しいか古いかだけで決めるなんてひどい、と腹立たしく思うのはもっともなのですが、人の評価には、作品の質とは別の基準があるとわかったならば、相手に認めさせる方法を考えることができます。狙い目は、まさに新しいか古いかで判断しているところ。なぜなら、どんなに新しいものでも、かならずいつかは古くなるからです。

当時は俗の極みだった歌舞伎や浮世絵が、いまは雅《みやび》な日本の伝統文化と感じるのは、それが時代を経て、徐々に雅へと変わってきたからです。あるいは映画だって、いまは芸術であることに疑いを抱く人はいないと思いますが、誕生してからけっこう長い間、あれはただの娯楽で芸術なんかじゃない、と思われていたものなのですよ。小説だってそうです。

つまりそのジャンルが生き残ったならば、昔から存在する伝統的な雅文化と見なされるようになるのですね。アニメは比較的、まだ歴史が浅いですから、いまは俗の領域に属していますが、これから途絶えてしまうどころか、いよいよ盛んになるにちがいありませんから、いずれ雅として認識されることでしょう。

マンガなどが、その先行例として参考になります。手塚治虫の例を挙げるまでもなく、日本のマンガの質は当初から高かったはずですが、マンガなんか読んでないで勉強しなさい、と叱る親も少なくないことが端的に示すように、マンガは俗文化だという認識がいまだに残っているはずです。

とはいうものの、すこし前なら考えられなかったことですが、大学でマンガを専門的に教えることも増え、日本各地にマンガ専門のミュージアムも続々誕生しています。いままさに、雅文化に足を踏み入れようとしているところなのですね。

このように、アニメもいずれ雅文化になることは疑いありませんが、歳をとった人の認識は簡単には変わりませんので、よほど理解のある人をのぞき、上の世代に認めてもらうことはいっそ諦めて、ここは雅文化になるのを待つのが得策のように思います。

しかし、そんな悠長に待っていられない、と思うかもしれません。そんなとき、ひとつ考えられる方法としては、外圧をかけることです。長らく中国、近代に入ってからは西洋から文化を輸入して発展してきた日本は、**とにかく先進国が認めることに弱い**のです。日本において、マンガの地位がこれほど向上したのも、時間の経過もさることながら、クール・ジャパンといっておおよろこびしているように、欧米諸国に認められたことも大きいのです。

価値を自分の目で見定められないのは情けない気もしますが、そもそも日本にかぎらず、文化的評価にはこのようなことがつきもので、まず外国で評価されて本国に逆輸入されることは珍しいことではありません。

これを応用するならば、そもそもあなたの親は、自分でアニメの価値を判断しているのではなく、世間の評価にしたがっているだけですから、その親が認めるような小説家なり文化人なりが、アニメを褒めている記事を見つけて（探せばきっとあると思います）、それをその悩み、古典が解決します。

そっと差し出したら、案外、コロッと認めるかもしれませんね。

中村幸彦

『中村幸彦著述集　第五巻』（中央公論社、一九八二年）

21 感動を伝える原理としての「もののあわれ」

——本居宣長『紫文要領』

Q 21

文学を勉強するって、なんの役に立つんですか？

国語を勉強するのは、日本語の習得のためだと理解できるのですが、詩や小説などをわざわざ学校で勉強する必要があるんでしょうか。**なんのために学校で**文学を勉強しているんですか？

A 21

もののあわれを知って、**人間として存在するため**です。

文学にかぎらずですが、文化・芸術に関わるものごとは、つねにこの、**なんの役に立つんですか**、という批判にさらされています。昔からそうですし、これからも絶えることはないでしょう。

過去、そうした批判に対するさまざまな回答がなされてきたわけですが、古いものだと、『荘子』の「無用の用」——役に立たないものが、じつは役に立っている、という考え方があります。人が地面に立っているとして、そうして立っていられるのは、足で踏みしめていないまわりの地面があるからであって、役に立っていないものが、じつは役に立っているのだ、というものです。

要するに、**いま役に立っているものは、役に立っていないもののおかげで存在している、**という点がポイントだと思います。なにかが役に立つには、まず存在しないといけないのですが、役に立たないと思えるものがないと、そもそも役に立つものも存在できない、ということです。人の役に立つことはとても大事ですけれど、そもそも人が存在しなければ、人の役に立てませんから、人が存在するために大切なことを学びましょう、ということになります。

そして、人の存在に深く関わるのが、文化・芸術なんですね。どんな民族の歴史を見ても、そこにはかならず、なにはなくても歌・踊り・絵・神話などがあり、これらは近代的に分類するならば宗教・芸術・文化・文学などなのですから、人間存在の核として欠かせないものなのですね。

という説明をしても、理屈ではわかるけど、なんだかまわりくどいな、と思われるかもしれません。では、こんな考え方ではどうでしょう。

そもそも役に立つというのもいろいろな意味で用いられますが、だいたい文化・芸術に批判的な人は、働いてお金を稼ぐのに役に立たない、という文脈で使うことが多いですから、ではそうやって働いてお金を稼ぐことが役に立つことだとしましょう。たしかにお金は大切です。ちゃんと稼ぎましょう。じゃあ、働いて働いて、金を稼いで貯めたとして、その人が次に求めるのはなんでしょうか。つまり成功の先にあるのはなんでしょうか。

安楽でしょう。快適でしょう。満足でしょう。そこには、かならず文化があり、芸術があるはずです。小説を読んだり音楽を聴いたりという直接的なものはもちろん、上質の食事には芸術的インスピレーションが欠かせませんし、快適な空間にも美的洗練が求められ、会話を愉しむにも教養とセンスが求められます。

つまり、最終的にたのしむために金を稼いでいるのだったら、文化・芸術のために経済活動をやってる、ぐらいに思わないと、なんのために生きているのかわからなくなります。いや、そんなことはない、金を稼ぐこと自体が目的なのであって、金を稼ぐ行為以外は、なんの役にも立たない、金を稼いでいるときだけがたのしいのだ、という人にかける言葉はいまのところ思いつかないのですが、だいたい、大金を稼ごうとしている人は、金のかかった遊びを好む傾向にありますから（偏見もありますが……）、そういう遊びを充実させるためにも、積極的に文化・芸術に投資してほしいものです。

ところで、『源氏物語』といえば、じっさいに読んだことがない人でも、日本が世界に誇る古典文学という印象を持っていると思います。それはそのとおりではあるのですが、じつは歴史的に見ると、一貫して高く評価されていたわけではないのですね。

いや、たしかに歌人にとっては、ぜったいに読んでおくべき作品としてずっと重視されてきたわけですが、なにしろ光源氏が多くの女性と関係するという「淫奔《いんぽん》な」話なわけですから、仏教や儒教などを重んじる立場からすれば、とてもよろしくない作品なのです。

だから、こんな淫奔な虚構の話を書いた紫式部は、そのせいで地獄に墜《お》ちた、という話が仏教の影響の大きかった中世に生まれ、また儒教の影響の大きくなった近世に入っても、けしからん作品だ、という評価がずっとつきまとっていました。そうしたうしろめたさを解消するため、あれは光源氏を、ああなってはいけないよ、と反面教師として描いた教訓的な話であって、じつは役に立つんですよ、というちょっと苦しい言い訳も生まれました。

そんななか、『源氏物語』を役に立つ／立たないという発想から解放したのが、有名な**本居宣長**の「もののあわれを知る」説なんですね。宣長は、詩歌、そして物語というのは、なにかの役に立てるために生まれたのではなく、人間の心の働きから、自然と生まれるものだといいます。

人は、世のなかに例のない珍しく不思議なことを見たようなときには、自分の心のなかだけで『不思議なことだな、珍しいことだな』と思ってばかりはいられないものだ。そのようなことを見聞きしたら、人に語って聞かせたくなるものだ。（中略）人に語ったところで、自分にも人にもなんの役にも立たず、心のうちに留めていたとしてもなんにも悪いこともないであろうけれど、『これは珍しい』と思い、『これは恐ろしい』と思い、『おもしろい』と思い、『うれしい』と思うことは、心のなかで思ってばかりはいられないものであって、かならず人々に語り聞かせたくなるものだ。

（本居宣長『紫文要領』巻上）

たとえばあなたが大変な事故現場に遭遇して、あとで誰かに、こんなことがあったよ、と話をするとします。そのとき、なにかの戒めとして役に立ててほしい、と思って話すのではなく、まずはただ、その驚きを相手に伝えたいだけなはずです。

このように人というのは、喜怒哀楽、大きく心が動いたとき、自分の心のなかだけに留めることができず、かならず誰かに伝えたくなるもので、それを話したり文字に書き記したりするとき、詩歌や物語、つまり文学になるというのです。人間とはそういうものなので、そうした心の働きを知ることを、もののあわれを知る、というわけです。

感情がなければ、人間じゃありません。人が人としてちゃんと存在するために、文学作品から、もののあわれを知りましょう、という宣長の主張は、いまでもまだ有効だと思います。

本居宣長『紫文要領』（日野龍夫校注『本居宣長集』新潮日本古典集成、新潮社、一九八三年）

人、世にためしなき珍しきあやしきことを見たらんに、わが心の内にのみ「あやしきことかな、珍しきことかな」と思うてばかりはゐられぬものなり。さやうのことを見聞けば、人に語りて聞かせまほしきものなり。（中略）人に語りたりとて我にも人にも何の益もなく、心の内にこめたりとて何の悪しきこともあるまじけれども、これは珍しと思ひ、これは恐ろしと思ひ、悲しと思ひ、をかしと思ひ、うれしと思ふことは、心にばかり思うてはやみがたきものにて、必ず人々に語り聞かせまほしきものなり。

22

他人の葬式を見に行って泣いていた人が、家族の危篤をネタにして笑うまで

――江島其磧『世間娘気質』

Q 22

私は涙もろく、**ちょっとしたことで泣いてしまいます。**別に泣こうとしているわけではなく、我慢しようとするのですが、そうするとかえって涙がとまらなくなってしまいます。さすがに恥ずかしいのですが、**どうにかなりませんか？**

A 22

酒の力で盛り上げてもらい笑い上戸《じょうご》になりましょう。

歳をとると段々、涙腺《るいせん》が緩んでくるものですが、そもそも泣き上戸なんですね。情感が豊かなのは悪いことではないと思いますが、あなたは恥ずかしささえ覚えるほどですので、コントロールできるといいですね。

江戸時代には、浮世草子という小説のジャンルがあるのですが、そのなかにさらに気質《かたぎ》物《もの》という作品群があります。気質物には、**特定の気質《かたぎ》＝性格をとことんまで突き詰めた**登場人物が出てきまして、その極端な人物のおかしな言行と、その人に振りまわされる人々の姿が滑稽に描かれています。昨今では、キャラクターの個性が際立っていることを「キャラが立つ」と表現しますが、気質物の登場人物たちはみなキャラが立っています。

江島其磧（えじまきせき）の『世間子息気質《せけんむすこかたぎ》』は、この気質物の最初の作品で、好評につき、たくさんの後続作が生まれました。**『世間娘気質《せけんむすめかたぎ》』**も江島其磧による気質物でして、キャラが立った娘たちがたくさん出てきます。そのなかのひとりに、泣き上戸の娘がいるのですね。

あるお金持ちの材木屋の娘は、とにかく哀れなことが好きで、小さいときから悲しい話を聞いてはよろこんでおり、涙を拭く紙は、一日に一束（二八〇枚）も使うほど。いつも目が赤く腫れているので、母親から注意されるけれど、半日も涙をこぼさなければ食事もすすまず、頭痛や目眩《めまい》がしてしまうので、親も仕方なく許すしかない状況です。悲しみを誘う浄瑠璃《じょうるり》などを聞いてよろこんでいたけれど、段々それでは物足りなくなってきました。

「浄瑠璃に小歌《こうた》、祭文《さいもん》などは、そもそも作り物であって、ほんとうの悲しみではない。

悲しみは、人間の死に別れに越したことはない」

娘はそう思い詰めて、門を葬礼が通ると、

「これこそ、ほんとうの哀れが通っている」

と駕籠《かご》をいそいで呼び寄せ、あわただしくうち乗って葬礼のあとをつけ、あるいは飛田《とびた》・千日《せんにち》の火葬場に行き、死者の親族が嘆くのを見ては娘も涙で袖を濡らした。

「これこそ、ほんとうの哀れである」

娘は心から涙を流してよろこび、葬礼が通らないときは店の奉公人に言いつけて、大坂中を歩かせては忌中《きちゅう》の家を見つけさせ、「こちらの御葬送は今日の何時ですか」と行く先の寺まで質問させた。葬儀の時間には乗り物に乗ってその寺に赴き、葬礼の来るのを（先回りして）待っている。その待つ心のたのしみは、月見や花見、芝居見物には代えられないほどである。


（江島其磧『世間娘気質』「哀れなる浄瑠璃に節のなひ材木屋の娘」）


泣くために葬式を求めるとは、フィクションながら悪趣味ではありますが、しかしいまでも、「今年一番泣ける」とか「全米が泣いた」とかいう映画を好んで観に行く人も一定数いますので、悲しい話を娯楽として求める心情は、いまも昔も変わらないといえます。

さて、親は結婚したらこの性格も変わるかと思ったけれど、娘は嫁入り先でも泣いてばかり。そこで、これは小気《しょうき》（気が小さいこと）が原因であって、なんとかして大気《たいき》（大胆なこと）にするしかなく、人を大気にするには酒が一番、と酒飲みを集めました。そして朝から晩まで酒盛りして、娘が泣きそうになれば、みなが手を打って大笑いしたところ、最終的には泣き上戸が笑い上戸になりました。いやはや、酒の力はすごいですね。

これでめでたしめでたし、かと思いきや、実家の母が危篤になってしまい、その知らせが娘のもとにやってきました。

娘はこれを聞いて、以前ならば人一倍泣いてしまうところ、いまは前とは心の持ちようを変えられて性格も異なっており、悲しい知らせを聞くと、すぐに無性におかしくなった。

「なに、母上はそれほど急に悪くなったのか。いまにも亡くなられてしまったら、父上もさぞかし、寂しい、とよい歳をしておいおいとお泣きになるだろう、と思うとおかしくってたまらない」

娘は手を打って笑った。

「これはあきれました。笑うところではありません。お乗りものの準備が整わずとも、はやくお出でください」

奉公人は急かせた。

「はて、やかましい。母上は常々、『あの子が泣かずに機嫌よく笑う顔を見て死にたい』とおっしゃっていたのを、お前も聞いていたではないか。おかしいのは年の暮れということ。極楽浄土で歳をとって、自身は仏になりながら、『この年の瀬の鏡餅は小さかった。ブリも丹後産の上物ではなさそうだ』と蓮華のうえに乗っておっしゃったら、たまらないほどおかしいではないか。こりゃどうも我慢ができない」

娘は腹を抱えて大笑いをした。（同前）

笑い上戸は笑い上戸で、苦労が多そうですね。

江島其磧『世間娘気質』（長谷川強校注『けいせい色三味線　けいせい伝受紙子　世間娘気質』新日本古典文学大系七八、岩波書店、一九八九年）

「浄瑠璃《じやうるり》・小歌《こうた》・祭文《さいもん》は元来作り物にて真《まこと》の愁《うれ》ひ事にあらず。悲みの至つて悲きは、人間死の道の別れに越たる事なし」と、思ひきはめて門を葬礼が通ると、「是《これ》こそ真《まこと》の哀れが通るは」と乗物舁俄《かきにはか》によびよせ、いそがしさふに打のつて此《この》葬礼の跡について、あるひは飛田《とびた》千日《せんにち》の焼場《やきば》へゆきて、死人の一類なげくを見て其《その》身も袖をぬらし、「是《これ》ぞ真《まこと》の哀れなり」と、心《しん》から泪《なみだ》をこぼして悦び、葬礼の通らぬ日は手代《てだい》にいひ付、大坂中をありかせ、門さして敷居《しきゐ》に薦《こも》のかけたる家を見せさせ、

「こなたの御葬送は今日何時でござるぞ」と、ゆくさきの寺迄《まで》とはせて、其時《そのじ》分に乗物にのつて先の旦那寺《だんなでら》へゆきて、葬礼の来るを待てゐる心の楽み、月花芝居にはかへぬ程の悦び。

嫁御《よめご》は是《これ》をきいて昔ならば人一倍もなかるべき所を、今は以前と心の持やうかへられ形気各別《かたぎかくべつ》に、愁《うれ》ひを聞と其《その》まゝ無性におかしふなつて「何かゝさまはそれほど急に取つめしか。今にもおはてなされたら、と、さまのさぞさびしひとて、よい年をして跡おふておい〳〵といふてなかしやらふとおもへば、おかしふてたまらぬ」と手を打てわらへば、「是《これ》はけうがる。笑ひの段ではござりませぬ。お乗物にめさずとも、はや〳〵お出《いで》」とせりたつれば、「ハテやかましひ。母さまのつね〴〵、「あの子がなかずに機嫌よふわらふ顔を見て死にたい」とおつしやつたは、そなた達もきいてゐやつたでないか。おかしかろは今年の暮じや。極楽で年とつてござつて、其身は仏になりながら、「此際《このきは》の鏡餅はちいさかつた。鰤《ぶり》も丹後ではなさそふな」と、蓮華の上にのつてゐておつしやつたら、たまらぬほどおかしふは有《ある》まいか。こりやどふも堪忍がならぬ」と腹をかゝへて大笑ひ。

23

当たり前のことを言っただけで感心される方法

——伴蒿蹊『近世畸人伝』

Q 23

クラスで人気のある友人がなにか言うと、みんなは耳を傾け、じっさいに話もおもしろいので、その場が盛り上がります。しかし私がなにか言っても、さすがに無視されることはないのですが、通り一遍の相づちが返ってくるだけで、すぐに別の話題に移ってしまいます。**どうしたら友人みたいに、みんなが盛り上がる話ができるのでしょうか？**

A 23

場を盛り上げるには、話す内容や話し方だけではなく、話し手と聞き手との関係性が大切です。まずはよい**聞き手**になることからはじめましょう。

話が上手な人っていますよね。持って生まれた才能もあるのでしょうが、そういう人は、話がウケた経験も多く、そこからさらにコツをつかんでいっそう上手になっていきます。そうすると、あの人の話はおもしろいぞ、とみなが期待するようになり、その人がなにか言うと聞き耳を立てて、やっぱりおもしろいな、と盛り上がります。

このように、話自体のおもしろさや話し方も大切なのですが、よく話を聞いてくれる人、盛り上げる人がいてはじめて、その人のおもしろさが発揮されるのですから、案外、この話し手と聞き手の関係性というのは、見過ごせない点です。

たとえば、それまでさんざん他人に迷惑をかけてきた人が、いままでの自分のろくでもないおこないとは正反対の、しかし発言そのものとしては正しい説教を誰かにしているのを見たら、「お前が言うな！」と思うものです。言葉が響くかどうかは、話者と聞き手の関係性に拠るところも大きいことがわかります。

反対に、発言そのものを切りとっても、立派とも正しいとも思えないのに、ただその人が言っただけで、なにかすばらしいことのように感じる関係性というのもあります。

伴蒿蹊（ばんこうけい）の『**近《きん》世《せい》畸《き》人《じん》伝《でん》**』は、題名のとおり、さまざまな畸人を紹介した作品です。「畸人」というのは、いわば褒め言葉であって、いま使われる「奇人」のように、ただ変わった人というだけではなく、変わっているけどすばらしい人というニュアンスがあります。

そのなかに、別首座《べつしゅそ》という人が出てきます。首座《しゅそ》というのは、禅寺で修行している僧の第一座にあたり、寺の長老に次ぐ地位ですから、別首座というのは、別《べつ》という名前のえらいお坊さんということになります。

この人、白隠《はくいん》という有名な僧侶の弟子だったのですが、「出家というのは、寺を持つべきではない。寺を持てば在家と同じだ」と言って場所も決めずに旅に出て、年月を送りました。出家というのは、家庭を出て仏道修行することや、そうする人のこと、要するにお坊さんのことです。それを文字どおり、出家とは、家を出ると書くのだから、家（寺）を持ってはいけない、と考えて旅に出たのですから、さすがに畸人です。

その修行の旅の折、別首座は人から教えを乞われると、聞いた人に合わせて応対しました。言葉自体はとてもやさしく明瞭なのですが、意味がわかるんだか、わからないんだか。


あるとき、乞食僧が教えを乞うた。別首座はすぐに、雨だれがしたたる石を指さして言った。

「あの石を見よ。雨だれですり減っている」

また農民が集まって説教を乞うたときには、こう言った。

「田のなかに水があればサギが来てドジョウを求める。ドジョウは逃げようとする。サギは踏みつけようとする」

また、ある年の元日に、ある人のもとで雑煮を食べるとき、その家の主人は教えを乞うた。別首座は言った。

「昨日は大晦日。今日は元旦なので、雑煮を食べるのだ」（伴蒿蹊『近世畸人伝』巻二「僧別首座」）

ええ～それでいいのか？ と思ってしまいますが、その言葉をくり返し考えるうちに、とても深い意味が込められているような気がしてくるのが不思議なものです。

まだ最初の雨だれ石の喩えはわかりますね。水滴のようなものであっても、長い年月を経たら石がすり減ることもあるので、継続した修行が大切、というようなものでしょうか。しかし、次がもうわかりません。サギはドジョウを捕まえようとする、ドジョウは逃げようとする――それだけ？ もしかして田に水があるという前提が大事なのか？ この世の生殺与奪の狂躁も、米作りという食料生産、食べるという営みに源があるということなのか？

最後がもっとわかりません。元旦に雑煮を食べていて、昨日は大晦日で今日は元旦だから雑煮を食う？ ただそのままじゃないか。なにがあるんだ。年月の移り変わり？ しかるべきときにしかるべきことをやるということ？

このように、禅の修行を積んでいない身としては、目の前に起きている、ただありのままの姿を述べているだけに思えるけれども、それが徳の高い禅僧が発言したというだけで、なにかとても意味深なことに感じられるのです。あるいは、当たり前の日常のなかにこそ、この世の真理があるという、メタレベルの教えなのでしょうか、とさらに深読みをしてしまいたくなります。

さて、ここからわかるのは、なにを言うか、ではなく、誰が言うか、がいかに大事かということです。また、聞き手が聞く姿勢にあってこそ、その発言が重みを増すということもわかります。

どうでしょう、**まずは最高の聞き手、盛り上げ役**を目指してみてはいかがでしょうか。いままでの関係性を超えて、いきなりよい話し手になるのは、なかなかむずかしいでしょう。また、いまは自分がいかにウケるか、が心にかかっているので、話を聞きながらも、どこかで気の利いたことを言うタイミングをはかりつつ、それがうまくいかずに落ち込んで、場になじんでいない可能性もあります。

ここはいっそ割り切って、どうすれば自分ではなく、人が心地よく話せるか、おもしろい話を引き出せるかに徹するのです。そうすればいつしか、あなたがいたら場が盛り上がる、と求められるようになり、おのずとあなたの発言の重みも増してくるのではないかと思います。

最終的には、「今朝は雨が降ったので湿気がある」「十二時だからお昼だ」と当たり前のことを言っただけで、感心される関係性が築けたらいいですね。

伴蒿蹊『近世畸人伝』（中野三敏校注『近世畸人伝』中公クラシックス、中央公論新社、二〇〇五年）

或時《あるとき》に乞丐僧《こつがいそう》、示しを請《こふ》。首座即《すなはち》雨だれの石をさしていふ、「あの石を見よ、雨だりにて減《へり》たり」と。又農人集りて説を請しには曰《いはく》、「田中に水あれば鷺《さぎ》来て泥鰌《どぜう》をもとむ。泥鰌《どぜう》は遁《のがれ》んとす、鷺は踏《ふま》んとす」と。またある元日に、人の許《もと》にて雑煮を喰ふ時、主示しを請《こふ》には、いはく、「昨日は大晦日、今日は元日なれば雑煮を喰《くふ》也」と。

使う言葉がその人の心となる 24

――契沖

Q 24

よく、**お前は空気が読めない、**と言われます。でも自分ではそんなことないと思ってます。なんだか悔しいので、相手の心を読めるようになってやろうと考えました。**どうしたら人の心を読めますか？**

A 24

相手の言葉を知りましょう。

空気を読むのと人の心を読むのとでは、ちょっとニュアンスが異なりますね。空気は人と人のあいだに存在するものですから、空気を読むというのは、その微妙な人間関係の綾《あや》を察知するというもの。一方の人の心を読むというのは、あなたが「相手の心を読めるように」と言っているように、特定の個人の気持ちを察する場合が多そうです。

とはいえ、たとえ相手とあなたという一対一の関係でも、もちろん人間関係ですから、そこに空気は存在します。ここがポイントかもしれません。

あなたは「空気が読めない」と人から言われるけれども、自分ではそう思っていないわけです。他者から見るあなたと、あなた自身の認識は異なっている。もっとも相手は、あなたは自分ではそう思ってないみたいだけど空気が読めない人だ、とまで考えているかもしれませんが、どれだけ厳密に気持ちを推し量ろうとしても、超能力者でもないかぎり、人の心が完全に読めるということはないはずで、どこまでいっても読みとろうとした人の解釈が残ります。

よって他人から、あなたの気持ちはこうだ、と断定されると、人の気持ちを勝手に決めるな、と反感を抱くことになるでしょう。また、反発を覚えないのも危ないもので、この人は私の気持ちをわかってくれているんだ、とコロッと信頼して他人に身も心も委ねてしまうことにもなりかねません。もちろん、危険を承知であえて心を許す場合もあるでしょうが、それは無自覚ではなく、自覚的におこないたいものです。

要するに、**他人の心はわからない**、という大前提に立つことが肝心だと思います。しかし、他人の心はわからないけれど、いやわからないからこそ、わかろうとする努力を惜しまずに、相手の気持ちを汲もうとすることの方が大事なのではないでしょうか。**人の心を読む、とは相手の姿勢ではなく、あなたの姿勢であり、読んだ（と思**

えた）**人の心も、あくまであなたの解釈**ですが、それはそれで意味のあるものだといえます。同じ前提に立ちつつも、どうせ人の心はわからないんだから気にしなくていいや、と割り切ってしまうと、まさに空気を読めない人生まっしぐらです。

もっとも日本人は空気を読みすぎますから、それくらい割り切った方がいい場合もあると思います。しかし、人の心がわからない人、とは薄情な人という意味でも使いますから、あえて空気を読まない場合はあるとしても、いざというときには、相手の心そのものはわからないにしても、それになるべく近づこうとする努力はおこなうべきで、またそのための技術は身につけておいてしかるべきでしょう。

江戸時代には、のちに国学と呼ばれる学問が生まれて、国学者と呼ばれる人たちがいました。そのトップバッターともいえるのが、**契沖**（けいちゅう）です。真言宗のお坊さんなのですが、日本の古典に造詣が深く、とりわけ『万葉集』の研究で画期的な成果を上げました。**契沖の方法論で優れていたのは、なにかを研究しようとするときに、参考にする文献を同時代のものに限定したこと**です。

『万葉集』は遠い昔の作品ですので、言葉づかいや共有している常識は、いまとは大きく異なります。それは現代人から見てだけではなく、たとえば平安時代や鎌倉時代の人が『万葉集』を読む場合も同じで、すでに歌が詠まれた当時の意味がわからなくなっていました。ですので、（いまはわからなくなってしまったけれども）歌が詠まれた当時はこんな意味であった、と解説する注釈が生まれます。すると、江戸時代の人が奈良時代の作品を読もうとするとき、そのあいだの時代に書かれた、たくさんの注釈を参考にしながら読むことになります。

しかし、江戸時代からすれば鎌倉時代の方が奈良時代に近いとはいえ、同時代ではないのですから、鎌倉時代の注釈だって、ほんとうに正しいかどうかわかりません。まして、延々と注釈に注釈を重ねてきた解釈は、伝言ゲームでもとの言葉がうまく伝わらないように、書かれた当時の意味からかけ離れたものになっている可能性があります。

そこで契沖は、後世の注釈を参考にするはやめて、『万葉集』と同時代の文献だけを参考にすることにしました。この時代の言葉づかいはこんな風なので、『万葉集』のこの言葉は、こんな意味だろう、と推察する。これにより、それまでの注釈で正しいとされていた解釈はじつはまちがっていて、ほんとうはこんな意味だった、と新たな解釈が生まれました。それがあまりに画期的だったので、契沖より前の注釈を古注、契沖以降の注釈を新注といいます。つまり契沖は、**古人の言葉を知ることで、古人の心に迫った**のですね。

さて、そんな契沖のことを、本居宣長はこのように述べています。

古学（国学）というのは、すべて後世の説にかかわらず、なにごとも昔の書物にもとづいて、その本《もと》を考えて、上代のことをはっきりとあきらかにする学問である。

この学問は、近い時代にはじまったものである。契沖法師は、歌書にかぎってのことだけれども、この古学の道をはじめて開いた人である。この人こそ、古学という学問の始祖ともいうべきである。


（本居宣長『うひ山ぶみ』）


契沖以降の、賀茂真淵《かものまぶち》や宣長などの国学者は、古人の心を知るために、古人の言葉づかいを研究して、こんな言葉づかいをしているということは、こういう心だったのではないか、と考えていったのですね。

あなたも、相手の心を知ろうとするならば、まず、言葉に着目してみてはいかがでしょうか。

人は言葉によって考えます。なにかおいしいものを食べたとき、「これ、まじヤベえ」という人と、「おいしゅうございますね」という人とでは、大袈裟にいえば、心が異なります。その人の言葉づかいや語彙に着目して、どうしてそんな言葉づかいをするのか、と考えるのです。

そして、そうした言葉を獲得してきた素材源を見定めるのです。その人の好きな本（映画や演劇、アニメやゲームなどでも同様です）がわかれば、その本に書かれている言葉は確実にその人に影響を与えているでしょうから、契沖が同時代の文献を参考にしたように、その人の心を知るための参考にして、そこから類推するのです。
その人の用いている言葉の意味が、その人の言葉を育んできた教養とともに想像できるとき、相手の心に近づいたといえるのではないでしょうか。

本居宣長『うひ山ぶみ』（白石良夫訳注『本居宣長「うひ山ぶみ」』講談社学術文庫、二〇〇九年）

古　学《いにしへまなび》とは、すべて後世《のちのよ》の説にかかはらず、何事も古書によりてその本《もと》を考へ、上代《かみつよ》の事をつまびらかに明らむる学問也。
此《この》学問、ちかき世に始まれり。契沖ほうし、歌書に限りてはあれど、此《この》道すぢを開きそめたり。此《この》人をぞ此《この》まなびのはじめの祖《おや》ともいひつべき。

面接の達人 25

——坂田藤十郎、三世八文字自笑（編）『役者論語』

Q
25

あがり症で困ってます。とくに面接など、一生懸命対策をするのですが、いざそのときになると、部屋に入る前から、ノックの仕方はこれでよかっただろうか、と不安になり、そのせいで覚えたことを忘れてしまって、**なにを話したのかすらわからなくなってしまいます。**なにかいい**方法**はありませんか**?**

A 25

一度覚えてから、**すべて忘れ**て面接にのぞみましょう。

面接なんてまったく緊張しない、という強者《つわもの》もたまにいますが、多くの人は緊張するものです。だから、緊張しないでおこう、と思うのではなく、どうしたって緊張はするものだ、と折り込み済みにしておけば、緊張したことで狼狽《ろうばい》するのではなく、ああ、やっぱり緊張するな、とすこしは心に余裕が出てきます。そのうえで、緊張しつつもどうやればいいかを検討してみましょう。

まずあなたの思っているほど、相手は細かいことを気にしていないことを知るとよいかもしれません。面接のテクニックや作法として、ノックは何回とか、お辞儀の角度は何度とか、イスのどちら側に立つとか、細かい決まりごとを教えているのを見聞きします。もちろん、そういう細かいことを気にするところもないわけではないのでしょうが（たとえば接客業など、そういう所作が大切な職種など）、高校や大学などの入試として面接が課されているとき、経験上、試験官はほとんどそんなことを気にしていません。ノックを何回しようが、お辞儀の角度が何度だろうが、どうだっていいことです。

それより、こちらの質問に対してどんな受け答えをするのかを知りたいと思ってますから、着席するまでに、やたら丁寧に手順を踏んでいるのを見ると、はやく座ってくれないかな、とさえ思ったりもします。もちろん、これは個人差があることですから、そういうことを大切にする試験官もいるでしょうけれど、お辞儀の角度が悪かったから減点、というのはまず聞いたことがありません。まあ、ふてぶてしい態度で入ってきて、いきなりイスにドカっと座って足を開いて睨《にら》んできたら、さすがにどうかと思いますが、必要以上に気にせずに、普通に挨拶をしておけばいいでしょう。

さて、きっと面接前に、こんなことを聞かれるだろうから、それに対してはこう答えよう、とあらかじめ想定問答を作って、それを一生懸命覚えてから面接にのぞんでいることでしょう。

もちろんそれは悪いことではなく、予想した質問がみごとに出て、覚えてきたことをスラスラと答えることができたら気持ちのいいものです。面接する側としても、まったく文句はありません。ただ、文句はないですし、減点することもないのですけど、はっきりいって、つまらなく感じるところもあるのですね。とくにそれが、話し言葉ではなく、目線は天井の方をさまよいつつ、頭のなかにあるペーパーを一言一句間違いなく読みあげている感じだと、こちらの質問に対して答えているのではなく、原稿の朗読を聴かされているような気持ちになって、ちょっと興ざめしてしまいます。この「朗読」によってよい印象を与えられているかというと、かなり疑問が残ります。

しかしあなたは、それが不得手なんですね。緊張すると、覚えたはずの「長文」が出てこないのでしょう。たしかに困ってしまいますが、逆にこれは、チャンスともいえるのではないでしょうか。なにを話したのかすらわからない、ということですが、ほんとうにまずいのは沈黙してしまうことですから、なんとか話ができているというのは、まだ希望があります。

これも、どうせ緊張するのだ、という心構えと同じように、**どうせ覚えてきた「長文」は忘れてしまうのだ**、と折り込み済みにしておいてください。忘れてしまうけれども、それでも想定問答を作ったり覚えたりすることは、ちゃんとやっておく。それをしっかり覚えたうえで、本番では忘れてしまうのです。

江戸時代の歌舞伎役者である初代・**坂田藤十郎**（さかたとうじゅうろう）は、和事師《わごとし》の祖ともいわれるほどの名優です。『**役者論語**《やくしゃばなし》』という芸談集には、その坂田藤十郎の含蓄《がんちく》深い言葉がいろいろと残されています。

ある役者が、坂田藤十郎に質問した。

「私も人も、舞台の初日には、台詞《せりふ》がまだ生覚《なまおぼ》えのせいか、うろたえてしまいます。しかしあなたは、（初日なのに）十日も二十日も演じ慣れた芝居をやっているようです。どのようなお心がけなのか、承りたく思います」

藤十郎は答えた。

「私も初日は同じで、うろたえる。しかし、傍目《はため》には演じ慣れた芝居をやっているように見えるのは、稽古のときに台詞をよく覚えておき、初日には端《はな》っから忘れて、舞台で相手の台詞を聞き、そのとき思い出して台詞を言うからだ。その訳は、普段、人が集まり、あるいは喧嘩したり口論したりするとき、あらかじめこのように話そうと台詞を考えておくことはない。相手の言う言葉を聞いて、こちらもはじめてその返答が心に浮かぶ。芝居というのは、日常が手本だと思っているので、稽古のときにはしっかり覚えて、初日には忘れて出るのだ」

（三世八文字《はちもんじ》自笑《じしょう》 編『役者論語』「耳塵集《にじん》」上）

藤十郎ほどの役者でも、初日はうろたえるんですから、本番では誰でも緊張するのが当たり前といえますね。でもそこから先がちがいます。藤十郎は、稽古で台詞をしっかり覚えながらも、本番ではあえて忘れるといいます。そして、相手の役者の言葉に応じて、心に浮かんだ言葉を返すわけで、それはもちろん稽古で覚えた台詞なのですが、やりとりのなかで自然に出てきたものですから、日常のリアリティーがあるわけです。これを目指してみてはいかがでしょうか。

つまり、まず自分で想定問答を考えて、しっかり覚える。そしてすっかり忘れて面接にのぞむ。面接では、思い出そうなんて一瞬たりとも考えずに、相手の質問に対して、その場でしっかり考えて答える。あなたが自分で想定問答を作ったのならば、「長文」そのものは忘れていても、質問に対するあなたの考えは、その場で考えても似たようなものが出てくるはずです。

覚えてきたものを「朗読」するのではなく、相手の質問に対して、別にスラスラではなくても、しっかりその場で考えながら答えている姿というのは、とても好感が持てるものです。

ぜひ試してみてください。

三世八文字自笑（編）『役者論語』（守随憲治校訂『役者論語』岩波文庫、一九三九年）

或《ある》芸者藤十郎に問《とう》て曰《いわく》。我も人も、初日にはせりふなま覚なるゆゑか、うろたゆる也。こなたは十日廿日《はつか》も仕《し》なれたる狂言なさるゝやうなり。いか成御《なるお》心入《こころいれ》ありてや承《うけたまは》りたし。答《こたへ》て曰《いはく》。我も初日は同《おなじく》、うろたゆる也。しかれども、よそめに仕《し》なれたる狂言をするやうに見ゆるは、けいこの時せりふをよく覚え、初日にはねからわすれて、舞台にて相手のせりふを聞《きゝ》、其《その》時おもひ出してせりふを云《いふ》なり。其故《そのゆゑ》は、常づね人と寄合《よりあひ》、或《あるひ》は喧嘩口論するに、かねてせりふにたくみなし。相手のいふ詞《ことば》を聞《きゝ》、此方《この》初《はじめ》て返答心にうかむ。狂言は常《つね》を手本とおもふ故《ゆゑ》、けいこにはよく覚え、初日には忘れて出るとなり。

備えあれば……より備えが欲しくなる!

26

――井伊直弼と埋木舎

Q
26

私は心配性で、何事につけても備えを怠りません。それによってうまくいったことも多いのですが、やはり**気疲れしてしまいますし、**楽天的な友人を見ると、正直うらやましくも思います。**このままでいいんでしょうか?**

A
26

ときには備えない勇気も持ちましょう。

なにしろ性格ですから、心配性の人が、明日は明日でどうにかなる、といきなり楽天的になることはむずかしいでしょう。それにあなたもいうように、心配性のおかげであらかじめ起こるべきものごとに備えて、危険や事故を回避できたことも多いでしょうから、かならずしも悪いことではないといえます。ただ何事にも限度はありますから、適度な心配の仕方というのを探る必要がありそうです。

まずチェックしてほしいのは、次のふたつです。

ひとつは、それは誰のために心配しているか、ということ。誰かに対して、危なっかしくて見ていられない、と心配することがありますが、見ていられない、と感じているのは見ている側であって、見られている当人はなんとも思っていないことが多いものです。ここですこし考えてほしいのですが、この心配は誰のためにしているのでしょうか。それは相手のためにきまってますよ、と思うかもしれませんが、ほんとうでしょうか。だって本人は気にしていないのですよ。

人は失敗から学ぶもので、ほんとうに危険な場合をのぞき、少々の失敗なら経験してみて、そこから学んだ方が後々のためになります。それを、あなたが小さな危険をとりのぞくことで、相手が失敗から学ぶ機会を失わせているかもしれないのです。そこまで考えたうえで、それでもやはり、これはあまりに危険だから介入しよう、と見極めてますか。そうではない場合が多いと思います。つまり、心配で見ていられない、というのは、まるで相手のために心配しているようですが、じつは、**この私を心配させる原因をとりのぞきたい、と自分のためにおこなっている場合が多い**のです。これは往々にして、おせっかいやありがた迷惑な行為につながります。もちろん、それが功を奏することもありますから、善悪の画一的な線引きはできないのですけれど、少なくとも、相手のために心配してあげている、という傲《おご》りは捨てて、自分の心の平安のために心配の種をとりのぞいているのだ、という自覚は持っておく必要があるでしょう。

もうひとつ考えてほしいのは、心配して備えたことの元《もと》をとろうとしていないか、というこことです。たとえば、天気予報で雨が降るかもしれないというので、折りたたみ傘を持っていったところ、結果的に雨が降らなかったとします。そんなとき、せっかく持っていったのに使わなかった、と残念に思う人がいます。その気持ちもわからないではないのですが、ここで考えてほしいのは、なぜ折りたたみ傘を持っていったか、ということです。それは、雨に濡れないためです。ですから、傘を使わなくても、雨に濡れないという目的は達せられたのですから、本来はよろこぶべきなのです。折りたたみ傘は、雨が降ったときに困らないために持っていったわけで、実際に雨が降っても降らなくても、傘があるおかげでその心配をしなくてよくなった段階で、すでに役に立っているのです。それを、使わなくて損をした、と感じるということは、突き詰めると、なんとか雨が降ってほしい、と願っていることと同じなのです。こうなってしまうと本末転倒なのですが、案外、人はこのように**不幸をみずから招く思考に陥《おちい》ってしまうもの**なのです。

日本人は世界的に見て、異常に保険が好きだといいます。保険は不測の事態が起きたときにも、破滅的な被害をこうむらないように、という備えですから、要するに折りたたみ傘と同じです。だから保険を使わずに済んだというのは、悪いことが起きなかったということですから、じつはとてもよいことです。そして、そんなもしものときの心配をしなくてよくなっただけで、保険はすでに役に立っているのです。

それを、せっかく保険を掛けたのに、なんにも起きなくて損した、と感じるというのは、これも突き詰めると、なんとか悪いことが起きてほしい、と願っていることになってしまいます。そのように感じるならば、保険を掛けすぎているのです。保険は心配をとりのぞくために掛けるもので、使わないのが一番、と思えるぐらいにとどめておきましょう。

このように、心配してあらかじめ危険に備えれば備えるほど、せっかく備えたのだから、その危険がぜひ起こってほしい、という思考になってしまいます。過剰な心配と備えは、潜在的に不幸を願うことになります。悪いことや危険をみずから招く類の心配はやめましょう。**備えない勇気**を持つことも大切です。

さて、江戸時代を生きた人々の切実な心配といえば、家の存続です。江戸時代は世襲制ですから、とにかく跡継ぎを絶やさないことが肝心。そこで、盛んに養子をとったり、子のいない親が急死した場合は、死後養子（親が死んだあとに養子をとること）さえおこないました。また、たとえ実子がいても安心できないもので、立派な家柄になればなるほど、跡取りが急死したときの備えを怠りませんでした。それが、**部屋住《へやず》み**です。

部屋住みとは、家督《かとく》相続前の長男もそういいますが、その長男が家を継いだあと、もしも長男になにかがあったときの保険として、養子などに出さずに家に残している次男以下の男のことを指します。そして、家長の長男に子どもがいないのに、次男に子どもができたりすれば、お家騒動のもとになりますから、往々にして、部屋住みのものは独身で過ごしました。いわば、家の備えのために人生を捧げているわけです。

安政の大獄で知られる**井伊直弼**(いいなおすけ)も、思いがけず家督を相続するまでの十五年間、部屋住みとして過ごしました。そのとき住んでいた場所を、みずから**埋木舎**《うもれぎのや》と名づけています。埋《うも》れ木《ぎ》とは、長いあいだ地中に埋れて炭となった木のことで、世のなかから忘れられた存在の喩えです。

直弼は、こんな歌を残しています。

世の中をよそに見つつも埋れ木の埋もれておらむ心なき身は

(木石のようになにも感じることのない我が身であるから、世のなかをよそ目に見ながら埋れ木のように埋れていよう)

直弼は最後、桜田門外の変で暗殺されたことを思うと、備えとしての人生を生きるというのは、人格形成にどんな影響を与えたのかな、と考えさせられます。

産湯水《ふゆのミづ》

27

騙される、裏切られることを含んで「信じる」

——貝原益軒『東路記』、伴蒿蹊『近世畸人伝』

Q
27

知人が訪ねてきて、すぐ返すから、というので**お金を貸したら、そのまま音信不通**になってしまいました。貸した額自体は、それほどでもないのですが、騙された、裏切られた、という思いを**ずっと引きずっています。**どうしたらいいでしょう**？**

A 27

騙されてあげたのだと
考えて、**裏切られる**
人になってください。

お金を貸してくれ、と頼まれたときは、貸すのではなくあげて、その代わり今回だけで次はもうあげも貸しもしないよ、とするのが、一番、後腐《あとくさ》れがないといいます。もちろん、金額によりますので、大金を無心してきたときは、その全額ではなく、自分のあげてよいと思えるだけ、貸すのではなくあげるわけです。ただ、そうすることで関係を絶つことになる可能性も高いですので、その人をなんとか助けてあげたいと思っているときには、さすがにそんなに簡単には割り切れないものですね。

貝原益軒は紀行作家としても江戸時代を代表する人物なのですが、その益軒の『**東路記**《あずまじのき》』という紀行文に、こんなエピソードが記されています。

五郎右衛門という裕福な百姓がいました。五郎右衛門は父母が亡くなってから、毎朝早く、お経を読むことを欠かしません。ある明け方、いつものように五郎右衛門が読経していると、盗人が屋敷に忍び込み、蔵に穴を空けて米二俵を盗みとりました。それを下女が見つけて五郎右衛門に告げたのですが、五郎右衛門はそれを聞いてもお経を読むのをやめず、返事もしません。下女はそこで下男に告げると、下男は「盗人が入った」と大騒ぎしたので、村中のものが驚いて駆けつけてきました。そこで盗人たちは米を置いて逃げました。そのことを、あとで聞いた五郎右衛門は、腹を立てて下男を叱りました。

「私のような裕福な身の上で、米二俵をとられたところで、なんの問題があろうか。

そのために村中の多くの人を巻き込んだのは、あってはならないあやまりだ。また、その盗人は、きっと食べるものがなくてどうしようもなかったので、私の蔵には米がたくさんあるだろう、と思ってやってきて盗んだのだろう。それを追い返して米をとり返したのも、私の望むところではない」

そうして盗人が捨てて逃げた米を下人に持たせ、盗人のもとへ送ったという。

（貝原益軒『東路記』）

そもそも五郎右衛門は金持ちだからそんなことができるんじゃないか、と思うかも知れません。しかし金持ちというのは、お金にシビアだから金持ちになり、金持ちでありつづけられているという側面もありますし、金があろうがなかろうが、誰だって自分の持ち物を盗まれるのは快くないはずです。髪の毛がふさふさの人も、すこし頭髪がさみしくなっている人も、髪の毛を抜かれる痛みは同じなのです。

となると、五郎右衛門が米を盗まれそうになっても、かえって盗人の心配をしたのは、金持ちだからではなさそうです。

そうであるならば、いよいよ五郎右衛門のように考えることはむずかしそうです。しかし、はじめからそういう心づもりであることはむずかしくとも、貸した金が返ってこないというあなたの境遇においては、みずからの心を慰めるために、後からそう考えることはできるのではないでしょうか。

幸い、貸した額自体は大きくないようですから、あとはひっかかっている自分の心をどうするかです。ここは、**騙されるとわかっていたけれど、相手のことを思って騙されてあげたのだ、と自分の記憶を都合よく書き換えて**しまってはいかがでしょうか。騙した相手のこともさることながら、騙された自分が許せない、という感情も強いように見受けますので、その感情をなだめるのです。

あえて騙されるといえば、『**近世畸人伝**』には、こんな話があります。**伊藤介亭**（いとうかいてい）は、伊藤仁斎《じんさい》という有名な儒者の三男なのですが、ちょっと愚鈍に思えるほど篤実な性格として知られています。

介亭の弟たちはときどき遊廓で遊んで朝帰りするのですが、介亭が朝早くから起きているので、見つかるとばつが悪い。そこで、「どこかで火事がある」と叫ぶと、介亭は走って屋根のうえにのぼります。その隙に弟たちは部屋に入り、うまくやり過ごすことができました。弟たちは朝帰りするごとに同じことをくり返し、その度に介亭は屋根にのぼるので、あるとき、そのことを人に注意されました。

「これは弟たちに騙されているのです。どうしていつも騙されるのですか」

介亭は言った。

「私はそのことを知っているけれども、もしもほんとうに失火があったときは、例の嘘だと思って油断してはいけないと思って、このようにするのだ」

（伴蒿蹊『近世畸人伝』巻一「伊藤介亭」）

オオカミが来たぞ、といつも嘘をついていたら、ほんとうにオオカミが来たときに誰も信じてくれなかった、というオオカミ少年の話がありますが、介亭はその次元を超越して、嘘だとわかっていても、もしもほんとうに起きたときの備えのために、あえて騙されているわけです。

とはいえ、なかなか五郎右衛門や介亭のようには生きられません。それでもそこから学べることはあるように思います。

あなたの騙された、裏切られた、という思いはよくわかります。ただ、その前提には、「信じたのに」騙された、「信じたのに」裏切られた、という無意識の信頼があったはずです。しかし、そもそも**信じるという行為は、本来、騙される・裏切られることとセット**なのです。

もしも、絶対に裏切らないものだけを信じるという人がいたとしたら、そういう人は、信じる人というより、懐疑的な人、疑い深い人と見られるはずです。つまり騙される・裏切られることも込みで信じるからこそ、信じる人といえるわけで、たまに裏切られるぐらいじゃないと、信じる人にはならないわけです。だからこそ、裏切られるかもしれないのに信じてくれたことに価値が生じるわけで、五郎右衛門と介亭は、その信頼感が飛び抜けているのではないでしょうか。

お金は返ってこないかもしれませんが、できる範囲で、気持ちよく裏切られましょう。

貝原益軒『東路記』（板坂耀子・宗政五十緒校注『東路記　己巳紀行　西遊記』新日本古典文学大系九八、岩波書店、一九九一年）

「我が身上《しんしょう》にて米二俵を取られし事、何程の事にかある。其《その》ため村中の大勢を動かしけん事、有まじきひがことなり。其《その》盗人は定めて粮《かて》つきて、せんかたなきまゝに、五郎右衛門が蔵には米も多くありなんとおもひてこそ来りて取つらめ。それをおひおとしてとらんも本意にあらず」とて、盗人のすて置たりし米を下人にもたせてぬす人のかたへぞおくりける。

伴蒿蹊『近世畸人伝』（中野三敏校注『近世畸人伝』中公クラシックス、中央公論新社、二〇〇五年）

「是《これ》は令弟《れいてい》達のあざむかるゝなり、何ぞつねにはかられ給ふや」と。先生いふ、「吾《われ》これをしれりといへども、もしまことの失火ある時、例の偽りぞとこゝろえてたゆみてはあしとおもひて、かくするなり」と。

早發板橋
發板橋驛
迢々遠北門
節著日早
短履霜繁
行李臨東道
長亭經大原
家還未幾
予易銷魂
南郭

28

「何かあったら俺が責任を取る」はどう作るか

——三世並木五瓶「勧進帳」

Q
28

アルバイト先で、責任ある立場を任されています。役割上、バイト仲間に対して注意することが多いのですが、正直、**こんな細かいことどうでもいいじゃないか、**と思うことまで、**規則として注意**しなくてはならず、なんだかやりきれません。

A 28

すべてはあなたの器次第です。

若くして中間管理職の悲哀を味わっているようですね。注意するべきことが、みんなのためになり、自分としてもなっとくできることならば、堂々と注意できるでしょうが、あなた自身が規則に疑問を抱いているのに、ただ決まっているから、という理由で、しかもバイト仲間に注意しなくてはならないというのは、嫌なものですね。かといって、これは規則だから注意しているのであって、自分としては別に気にしてないから、と断りを入れるわけにもいかず、またそんな風に言い訳がましくいうのも、かえってみっともない気もします。

歌舞伎の「**勧進帳**《かんじんちょう》」といえば、いまも昔も大人気の演目です。義経《よしつね》は、兄頼朝《よりとも》から追われており、一行は山伏《やまぶし》の姿に身をやつして逃げています。東北地方を目指して安宅《あたか》の関にかかったところ、武蔵坊弁慶《むさしぼうべんけい》があの手この手の知略を尽くして、関守《せきもり》の富樫《とがし》の追及をやり過ごします。度重なる疑いをなんとか切り抜け、無事通れるかと思ったものの、強力《ごうりき》(荷運びの男)に扮装した義経を、富樫は見とがめました。

そのとき、どうしたことか、弁慶は主君の義経を金剛杖《こんごうづえ》で叩きました。主君である義経を家臣である弁慶が打てるはずがない、という前提を逆手にとって、あえて弁慶は義経を打擲《ちょうちゃく》したわけです。しかし、さらに富樫が追及しようとするので、弁慶は富樫に告げます。

「まだこのうえにもお疑いなさるというのならば、この強力めを、荷物の布施物《ふせもつ》とともにお預けします。どのようにも問いただしてください。あるいはこれで打ち殺してみせましょうか」

（三世並木五瓶《なみきごへい》「勧進帳」）

弁慶が強力に扮した義経を打ち殺そうとまでしたので、富樫はとどめました。富樫は、弁慶がそうまでして主君を守ろうとしたことに感じ入って、すべてわかっていながら、あえて見過ごすことにしたのです。あとでそのことが露見したら、責任はすべて富樫にかかってきます。しかし、それを承知のうえで見逃したわけです。富樫の器の大きさに感銘を受けますね。

あなたも、自分でもどうでもいいと思っている規則であるならば、あとで注意しなかった責任はすべて自分がとるという覚悟で、たまに見逃してみてはいかがでしょうか。富樫の気分が味わえますよ。

三世並木五瓶「勧進帳」（郡司正勝校注『歌舞伎十八番の内 勧進帳』岩波文庫、二〇二一年）

「まだこの上にも御疑《おんうたが》ひの候《そうら》はゞ、あの強力め、荷物の布施《ふせ》物諸共《もつもろとも》、お預け申す。如何《いか》やうにも糾明《きうめい》あれ。但《ただ》し、これにて打ち殺し見せ申さんや」

高輪
大木戸《おゝきど》

なくても困るし、あっても気になるもの 29

――唐来参和『莫切自根金生木』

Q 29

世のなかの不幸は、お金に関係することばかりだと思います。**どうすればお金のことを気にせずに生きていけますか？**

A 29

適度に持っているのが一番いいようです。

よく、服装にこだわりがない、という人がいますが、そういう人はたいてい、ヨレヨレの服を好んで着ています。しかし、ほんとうに服装にこだわりがないならば、ヨレヨレの服だけではなく、ピシッとしたスーツだって、こだわりなく着られるはずです。だから、服装にこだわりがないという人は、ほんとうはヨレヨレの服にこだわっているのですね。

お金にこだわりがない、という人も同じで、お金をあまり手元に置かないことにこだわっているように思います。ほんとうにこだわりがないならば、お金がたくさんあろうが少なかろうが、どっちだってかまわないはずですから。

さて、あなたはお金にこだわりがないわけではなさそうですね。じっさい、生きていくためには、どうしてもお金は必要です。お金がないことがそのまま不幸であるとはかぎらないのですが、そうはいっても、お金がないせいでつらい日々を過ごすことも多いでしょうから、お金なんて必要ない、なんてうそぶいても仕方ありません。ちゃんと稼ぎましょう。しかし、じゃあたくさん稼げばいいかというと、案外そうでもないようで、大金を稼ぐ立場になると、それを失わないために、四六時中お金のことを考えるようになるといいます。お金のことを気にしなくていいようにお金を稼いだのに、かえってお金のことを気にするようになったら、本末転倒ですね。

要するに、ありすぎもなさすぎもしないぐらいの、ちょっと余裕があるぐらい稼ぐことができれば、一番、お金のことを気にしないで済むのでしょう。

このお金がありすぎもなさすぎもしない境遇は、じつに平穏無事なもので、そういうハッピーな人をわざわざ記録するのも退屈ですし、また小説になりにくいものですから、こんな例がある、と咄嗟《とっさ》に思い浮かびません（じっさいはいくらでもいるでしょう）。まさにそれこそが、あなたの目指す境地かもしれません。

　お金を稼いだ人の話としては、西鶴の『日本永代蔵《にっぽんえいたいぐら》』が有名ですね。越後屋（いまの三井グループの祖）で知られる三井高利《たかとし》なども題材となっています。

　しかしここは、なんとかお金を減らそうとして、かえってお金が増えてしまった話を紹介しておきましょう。『**莫切自根金生木**《きるなのねからかねのなるき》』（ちなみにこのタイトルは、上から読んでも下から読んでも同じ読みになる回文《かいぶん》です）は、**唐来参和**（とうらいさんな）の書いた**黄表紙**《きびょうし》です。

黄表紙というのは、赤本・黒本・青本という子ども向けの**草双紙**《くさぞうし》と同じ体裁を用いながらも、大人が読んでたのしめるように書いた作品です。いわば大人が大人に向けて、知的にふざけているわけです。

　あるところに、万々《まんまん》先生という大金持ちがいたのですが、ものごとがなんでも自由になることがうるさくなって、三日でも貧乏をしたらこんなことは考えないだろう、と貧乏になろうと試みることにしました。

　さっそく貧乏神をまつり、これをやったら身を持ちくずすとされていることを、片っ端からはじめます。まず担保や保証人もなしに金を貸しまくりました。そして、遊廓に行ってお金をばらまいて遊んだのですが、あまり金払いがよすぎるので不審がられ、お金を返されてしまいます。その帰りに乗った駕籠《かご》のなかに大金の忘れ物があったので黙っていたところ、やたら正直な駕籠かきが見つけて、あなたの忘れ物だ、その金を押しつけられました。その後も、米相場に手を出しては儲かり、博打をしてはまた儲かり、大量にクジを買っても大当たりします。

こうなっては盗人に盗ませるしかない、と蔵から金を出して家を開けっぱなしにし、みなで外出したところ、盗みに入った盗賊はあまりの大金のせいで持ち出す前に夜が明けてしまい、他のところで盗んできたものも置いて逃げていきました。

金が減らないどころか増えていくので、今度は旅行を思い立ちます。なるべくお金がかかるようにゆっくりりすすみ、ついでに金を浪費する慰《なぐさ》みとして、地引き網をさせることにしました。すると、魚にまじって金銀が引きあげられました。それならば、と今度は松を掘って江戸まで運ばせようとしたところ、金の入った唐櫃《からびつ》を掘り当てました。驚いて腰が抜けて、これで治療にお金がかかると思ったら、けろっと治ってしまいます。

もはや最後の手段、と万々先生はありったけの金銀を海に捨てさせました。

ありったけの金銀を残らず捨てて、いまは心にかかった雲も晴れた、とよろこんでいたところ、捨てた金銀が一塊《ひとかたまり》になって空中に飛びあがり、その勢いにひかれて世界中の金銀がいっしょに集まり、万々先生の蔵を目指して飛んできた。それは目も当てられない様子で、家内のものたちを蔵のうえに登らせて、金玉《かねだま》を防がせた。

（唐来参和『莫切自根金生木』）

結局、捨てた金は倍増しになって蔵に入り、担保も証人もなしに金を貸した人たちが金持ちとなって利子を添えて金を返しにきて、家は金銀で居場所もないほどになってしまいました。

どうです、このくだらなさ。いい大人が一生懸命、こんなふざけた話を作っているんですから、ステキです。ちなみに、うなるほど金がある、といいますが、最後に飛んできたお金は、「うんうん」「うんうんうん」とうなっています。

お金はたくさんあったらあったで困るようですから、いよいよ、適度に持てたらいいですね。

唐来参和『莫切自根金生木』

（水野稔校注『黄表紙　洒落本集』日本古典文学大系五九、岩波書店、一九七六年）

ありたけの金銀のこらずすて、今は心にかゝる雲晴れたりとよろこぶおりから、すてたる金銀一かたまりになりて、空中へとびあがれば、この勢《せい》にひかれて、世界中の金銀いつしよにあつまり、万々が金蔵《かねぐら》さしてとび来るは、目もあてられぬ次第にて、家内の者どもを金蔵の屋根へあげて、金《かね》だまをふせがせる。

八景坂
鎧掛松《ろひかけまつ》

死ぬまでは人生が続く 30

——曲亭馬琴『南総里見八犬伝』

Q
30

もうすぐ二十歳《はたち》になりますが、**なにも成し遂げておらず、**あせっています。だからといってなにができるというわけではなく、ただ**これまで無駄に過ごしてきた時間を後悔**するばかりです。もう遅いかもしれませんが、**どうしたらいいでしょうか?**

A 30

隠居してからもまた人生です。

二十歳であせってるんですか。たしかに人生経験の少ない若いころの方があせりはあると思いますけれども、アラフィフ（五十歳前後）に差しかかった私からすれば、ずいぶん気がはやいな、と思ってしまいます。とはいえ、そう思えるのもこの歳になったからで、やはり私も若いころは、あせっていたかもしれません。とくに現代日本では二十歳が成人ですので（ちなみに二〇二二年より十八歳成人となっています）、二十歳を前にしてそういう気持ちになるのでしょう。

それでいうと、江戸時代の成人は元服《げんぷく》のときですから、二十歳よりも前ですね。しかし江戸時代は基本的に世襲制ですので、いまのように職業選択の自由があるわけではありません。いろいろ例外はあるにせよ、親の姿を見ていたら、なんとなく自分の将来の姿が想像できるわけで、そのためにやるべきことも明確といえます。よって先行きが定まらないあせりというのは、いまの方がずっと強いのではないでしょうか。そう考えると、いよいよあなたがあせるのも無理のないことです。

ところで私は、あるとき、同業者（研究者）から「学者は五十五歳から七十歳がピークだ」といわれて、はっと目が開かれた思いがしました。たしかに多くの文献を読み込み、文章を書く力もついてきた五十五歳からが、もっとも脂がのってくる時期かもしれない、と思ってなっとくしたのです。

もちろんプロ野球選手のように、若いころにピークがある職業もあるでしょう。しかし、多くの職業はかならずしも若いころがピークとはいえません。また歳をとって役割が変わることもあります。そう考えると、五十五歳からの活躍を目指して、それまではどうせ発展途上なのだから、二十歳ぐらいのときはのんびりと構えて、自分に合ったことを試行錯誤しつつ見つけていく、という姿勢も大事なのではないでしょうか。

さて、江戸時代において**五十五歳といったら、もう隠居**の歳です。いまならば間もなく役職定年といったあたり。では隠居したらみな、あとは庭いじりでもしてのんびり過ごしていたかというと、かならずしもそうではないのです。

たとえば、詳細な日本地図を作ったことで知られる**伊能忠敬**（いのうただたか）は、隠居後に新たに勉強をはじめ、五十六歳（満五十五歳）から全国を測量して地図を作りました。隠居するまでは地図づくりとは無縁の生活を送っていましたから、第二の人生に入って、まったく新しいことをはじめ、偉大な業績を残したわけです。

また、伊能忠敬のように新しいことをはじめなくとも、歳をとっていよいよ花開いたという人も少なくありません。戯作者《げさくしゃ》の**曲亭馬琴**がそうです。

馬琴はもともと武士の生まれなのですが、仕えていた家のわがままな跡取り息子の相手に嫌気がさし、十四歳で出奔《しゅっぽん》してしまいます。それからは、勉強をしても身が入らず、医学を学ぼうとしては辞め、とふらふらした日々を過ごします。それでも、また武家に奉公に出るのですが、短期間に何度も主家を変えるなど、まったく落ち着きがありません。その間、梅毒という性病にかかったりもしています。つまり二十歳前後の馬琴は、ぶらぶらしている素行の悪い若者であって、先行きもなにもあったものではありません。体格のよかった馬琴は、相撲取りにならないかとスカウトされたり、太鼓持ちや講釈師になろうかと考えたり、と将来の職業についても定まりません。

しかし馬琴は、若いころから**浄瑠璃本**《じょうるりぼん》や**草双紙**《くさぞうし》などが好きでよく読んでいました。本を読むというと立派に思えますが、これらは娯楽を主眼とした作品ですから、いまでいうとマンガが大好きで読みふけっていたようなものです。そこで馬琴は、当時のナンバーワン戯作者であった**山東京伝**《さんとうきょうでん》のもとに弟子入り志願をしました。京伝は、戯作は入門して学ぶものではない、と弟子になることは認めなかったものの、いろいろ面倒を見てあげました。ここではじめて、馬琴の人生の歯車が噛み合いはじめます。このとき馬琴は二十四歳でした。

といっても、すぐに芽が出たわけではありません。そもそも当時は専業の戯作者というものはなく、他ならぬ馬琴（と十返舎一九《じっぺんしゃいっく》）が、はじめて原稿料だけで生活するようになった人物です。筆一本で立つまでに、習字の先生などをして生活費を捻出していました。

しかし、ようやく自分に合った職業を見つけた馬琴は、書いて書いて書きまくります。そして、三十七歳のときに、蓑笠隠居《さりついんきょ》というペンネームも使いはじめます。これは、隠居してのんびり過ごす、ということではなく、世のなかの付きあいから一歩退いて、自分のやりたいこと、やるべきことを思う存分やる、という意気込みのあらわれです。そうして、『**椿説弓張月**《ちんせつゆみはりづき》』や『**南総里見八犬伝**《なんそうさとみはっけんでん》』など、後世に残る傑作を生み出したのでした。とくに『八犬伝』は、最後は盲目になりながらも、口述筆記によって完成させたのです。

『八犬伝』の最後に、馬琴はこのような歌を寄せています。

世にわびて身は隠れ蓑《みの》かくれ笠《がさ》あだなる名のみ打出《うちいで》の槌《つち》

(この世に住みづらく思って、隠れ蓑と隠れ笠を着たように姿を隠して隠居したけれど、かえって浮世の空しい名ばかり、打出の小槌《こづち》を用いたように、世に出てしまったな)

(曲亭馬琴『南総里見八犬伝』「回外剰筆《かいがいじょうひつ》」)

隠れ蓑・隠れ笠・打出の小槌は、鬼や天狗が持っているという宝物で、蓑笠隠居という馬琴の別号に掛けて読み込んでいるのですね。馬琴が『八犬伝』初編を発刊したのは四十八歳、そして完結したのは七十六歳のときです。隠居パワー、おそるべしですね。どうですか、二十歳でふらふらしていたところで、まだまだいくらでもやりようがあるとわかりますね。隠居してからも第二の人生があると思って、あせらずに自分のやりたいことを見定めてください。

30 曲亭馬琴『南総里見八犬伝』

(濱田啓介校訂『南総里見八犬伝』全一二巻、新潮日本古典集成別巻、二〇〇三~〇四年)

播明神祠

あとがき

いかがでしたでしょうか。昔もいまも、じつにたくさんの悩みがあり、そしてそれに対する解決策があるものだな、と感じたのではないでしょうか。

一方で、ぜんぜん解決していないじゃないか、とあきれつつ、おもしろおかしく読んでしまったものもあったのではないかと思います。じつはそれこそが、本書の隠れた狙いでもあるのです。

人の悩みは多様ですから、解決策も、その人の置かれた状況に即して、ケース・バイ・ケースで考えなくてはなりません。似たような状況からヒントを得ることができたとしても、完全に一致する解決策というのは、そう簡単には得られないものです。また、これさえやっておけば大丈夫、というマニュアルのような方法があると考えるのも、危ないと思います。

しかし本書を読み、たとえ自分にぴったりの解決策が示されていなくても、きっと選択肢は増えたのではないでしょうか。これこそが大切なのです。こういう状況だとこうするしかない、という思い込みに対して、(自分には当てはまらないけど)こんな方法もあるのか、と別の選択肢を認識したことで、じつはもう解決へ向けて一歩足を踏み出しているのです。

多くの悩みは視野狭窄《きょうさく》(これしかないと思い込んでしまうこと)に由来します。そんな、いまここ、にとらわれてしまった見方を相対化するには、異文化交流が一番です。外国旅行をして、日本の常識が世界の常識ではないことを知り、それまでの認識をあらためることがよくあります。これしかない、と思っていたのに、そうではないものごとが堂々と存在していることを知って、人は当たり前と思っていたことが当たり前ではなかったことを知るのです。

そして異文化交流とは、なにも異国を旅をして現地の人と交流するだけではありません。

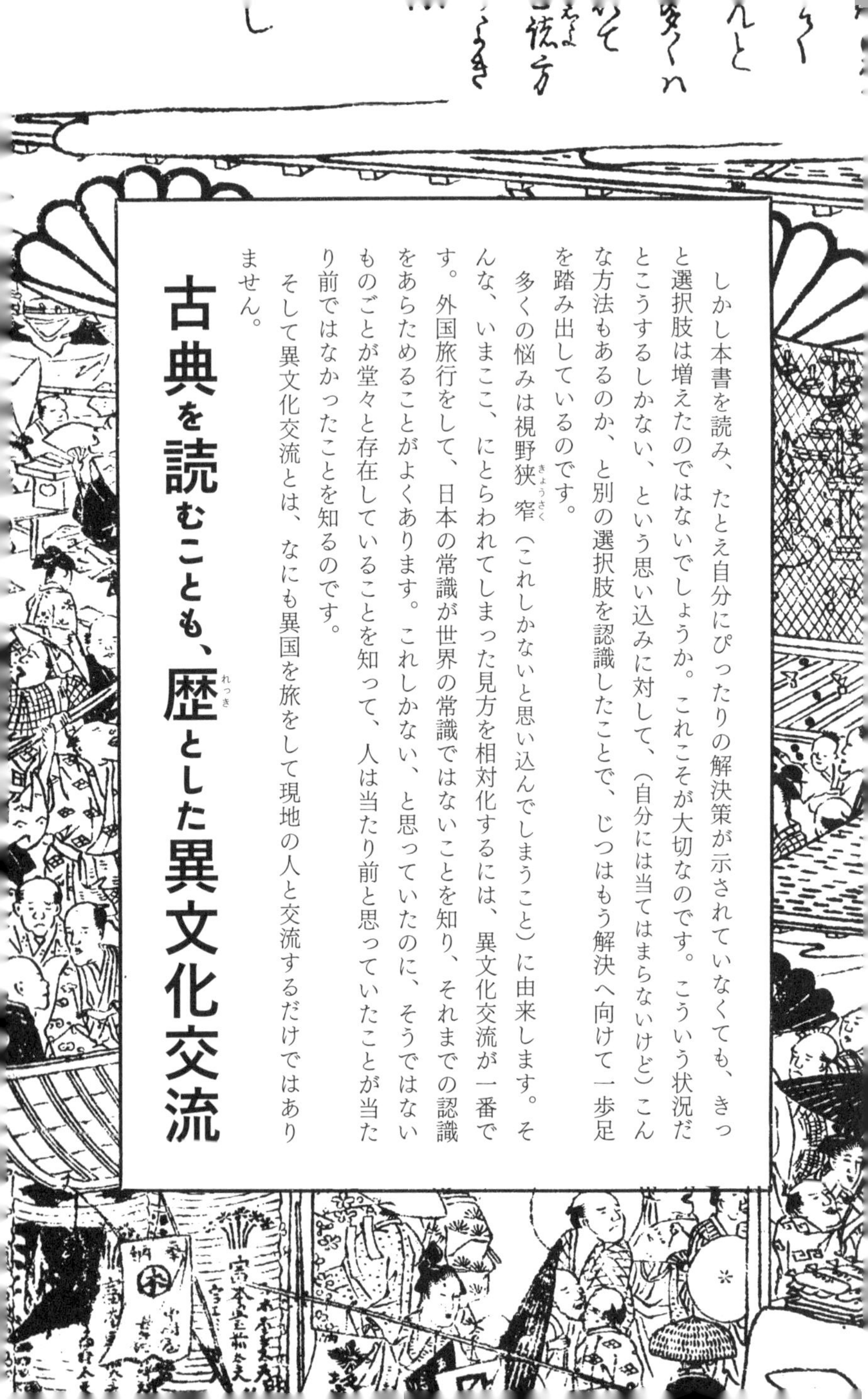

古典を読むことも、歴《れっき》とした異文化交流

なのです。古典を読んで、いまとは価値観の異なる世界が、他ならぬ日本にまちがいなく存在していたと知ることで、すこしずつあなたの視野は広がり、選択肢が増えます。この積み重ねこそが、あなたの悩みを解決する力となるのです。

そのためには、近すぎも遠すぎもせず、種類も豊富な江戸時代の作品がもってこいです！　どうぞ江戸時代の作品を手にとって、あなたの人生の役に立ててみてください。もちろん、江戸時代以前の古典も、とっても役に立ちます。あなたが気になる時代の古典に、どうぞ気軽に触れてみてください。そこには、あなたの常識を破ってくれるなにかが、きっと描かれているはずです。

さあ、どんどん古典を使い倒しましょう。

菱岡憲司（ひしおか・けんじ）

1976年福岡県生まれ。九州大学大学院博士後期課程単位修得退学。博士（文学）。有明工業高等専門学校准教授などを経て、現在、山口県立大学国際文化学部教授。『大才子 小津久足』（中央公論新社、2023年）にて第45回サントリー学芸賞（芸術・文学部門）受賞。著書に『小津久足の文事』（ぺりかん社、2016年）、『石水博物館所蔵 小津桂窓書簡集』（編著、和泉書院、2021年）など。

その悩《なや》み、古《こ》典《てん》が解《かい》決《けつ》します。

2024年7月25日　初版

著　者　菱岡憲司

発行者　株式会社晶文社

東京都千代田区神田神保町1-11　〒101-0051

電話　03-3518-4940（代表）・4942（編集）

URL　https://www.shobunsha.co.jp

印刷・製本　ベクトル印刷株式会社

ISBN978-4-7949-7434-1　Printed in Japan